教育者の成長
フレッド・ケラー自叙伝

フレッド S. ケラー●著
眞邉一近●監訳
村井佳比子／岩田二美代／杉本任士●訳

二瓶社

カロリーナ、ロドルフォ、そしてギルへ

Pedagogue とは

1．教育者；学校の先生

2．学者ぶった独断的で固い人物

（ランダムハウス英語辞典1968年版による）

日本語版によせて

気をつけてください。この何の変哲もない小冊子の見た目にだまされてはいけません。あきれるほど古めかしいタイトルにも惑わされないようにしてください。教師としての数々の失敗談を語る著者の、微笑ましい、気取らないスタイルにも引っかかってはいけません。強化の原理を応用しようとするケラー教授の初期の試みを読み進めると、そこばかりに目が行くかもしれません。すなわち第二次世界大戦時の無線通信士の訓練、そしてその後の大学教育における話です。しかし、個人的なドラマばかりに目を奪われてはいけません。大学管理者との非常に行儀のいい喧嘩やブラジルでの「冒険」、大学の閉鎖、その他諸々のドラマに夢中になっている暇はありません。

気をつけないと、重要なポイントを見落とす可能性があります。ケラー教授が彼の戦略を明らかにするのは、第22章に入ってからなのです。それは、個別化教授システム（PSI）と呼ばれるものです。PSI はわずか５つのシンプルな原理に要約することができます。（１）コースの教材を、一連の小さな学習単元に分割する。（２）学生たちは各単元を修得したことを証明しないと、次の単元に進むことができない。（３）学生は、自分のペースで単元を進めることが許されている。（４）講義やデモンストレーションは重要な情報を得る場としてではなく、モチベーションを高める手段とみなす。（５）修了生を助手学生として採用し、単元テストの管理と、必要に応じて個別指導をさせる。これの何がそれほど革新的なのか？　読者は疑問に思われるかもしれません。結論からいうと、すべてが革新的なのです！

それは、マクドナルドが日常的にハンバーガーを作るのと同じペースで出来損ないや凡人を生み出す現在の教育システムと、大多数の学生が学びかつ成功を手にするシステムとの違いなのです。私には、これはかなりの一大事に思えます。

フレッド・ケラーの息子として、私はもちろんPSIについて多くのことを聞いていましたし、最初に父のサバティカル休暇中のブラジルのサンパウロで、そして後にブラジリアで、それが発展していくのを見てきました。しかし私がPSIにすっかり心を奪われたのは、父がアメリカに戻ってアリゾナ州立大学で教職に就いてからでした。当時、私はニューヨークのコロンビア大学で心理学を専攻する大学院生でしたが、そこで伝統的な教授法で教える学部生の入門コースを手伝っていました。

同時期に、父と父の同僚は、私たちとほとんど同じ教育内容でアリゾナ州立大学の入門コースを教えていました。でも彼らはそれにPSIを使用していました。

ある日、私は父から手紙を受け取りました。父は私に、私の大学の学生用の中間試験のコピーを送ってくれないかと尋ねてきました。父は自分の学生たちがどれくらいできるのか見たかったのです。私は父の願いに喜んで応じました。大学の管理者がそれを承認したかどうか、今振り返って定かではないのですが。１～２週間後、父からあらたな手紙を受け取りました。手紙の中には、私が送ったテストにおけるアリゾナ州立大学の学生のスコアがすべて入っていました。私はそれらを見て、終わったばかりのコロンビア大学の学生のスコアと比較してみました。コロンビア大生のそれは芳しくないものでした。学部長が見たらがっかりしただろうと思います。

私の大学の学生の成績分布は、教育現場ではよく知られ良しとされている完璧なベル型をしていました。C^{+}のピークから両端へと徐々にきれいに減少していき、学生の10～15％はきわめて優秀、同じ数が落第という結果でした。しかし、アリゾナ州立大学のスコアは異質なものであり、カーブの形は予想とはかけ離れていました。ピークが分布の右端にあったのです！　全体の70％が高得点で、残りは広く分散していました（テストの時点で全学生がコースの学習単元をすべて完了していたわけではない事実を反映しています)。

この結果に、私の大学の学部長が不快感を持つ理由を十分に理解するには、日本の読者はアメリカの大学の「カースト制度」について少し知っておく必要があります。コロンビア大学は一般に、アメリカの高等教育という銀河の中で最も輝く星のひとつとして知られています。通常、入学を許されるのは志願者の約5%です。彼らは、アメリカ全土および世界中から来ており、ほとんどが、標準テストでは「ぶっちぎりの」ハイスコアを達成しています。一方、アリゾナ州立大学は志願者の約85%を受け入れ、そのほとんどは同州出身です。どういうわけでその「平均的若者」が、「神童たち」に完全勝利することになったのでしょうか?

答えは、もちろんPSIでした。この比較は、PSIの素晴らしさを私に納得させるのに十分でした。その時確信して以来、何年も経った今でも、私の考えを変えるものに出会ったことはありません。

PSIは優れた教授法です。それは伝統的な講義方法にも、私が他に遭遇したいかなる「非伝統的な」方法にも勝るでしょう。

しかし、PSIがそれほど明らかに優れているのなら、なぜ今日、より広く使用されていないのでしょうか? なぜ人々は、競って採用しようとしなかったのでしょう? これらの疑問は、真に教育の改善を望んでいる誰をも悩まし、私の父を悩ませた問題でもあることを、私は知っています。確かに、自分のペースで学ぶ学習システムを厳格な講義日程の中で実施しようとすると、いくつかのきわめて現実的な業務管理上の問題が発生することは事実です。しかし、それらを何とかすることはできるでしょう。あるいはまた、人道主義者らが長年にわたり提起してきた多くの“哲学的”な懸念もあります。しかし、これらもまた本書の23章でケラー教授が巧みにやってみせたように、何とかすることはできるでしょう。

いえ、そのようなやり方ではなく、私はこの問題の答えを見つけるために視点を変える必要があると思っています。行動分析学者として、私たちは、教師と管理者の現在の行動を維持している強化随伴性を調べることから始める必要があります。そしてここで、行動分析学とは分析の仕方が異なるタイプの有名な精神分析家、カール・ユングの言葉を肝に銘じるべきでしょう。そのスイスの偉大な医師の言葉を拝借すると、「何をするかを言うことではなく、何をするかが問題だ」。

このような探求によって、教育機関のまぎれもない真実や、勝者を生むためには必ず敗者が必要であることが明らかになるかもしれません。しかしその仕事は、私の父の世代の行動分析学者の仕事ではなく、私の世代の仕事でさえもありません。それはB.F.スキナーとフレッド・S・ケラーの聡明な孫やひ孫である、みなさんの仕事なのです。

最後になりましたが、私の父は自分の本が今こうして日本の新しい読者のみなさんに日本語で届けられると知って、どれほど喜んでいるかをお伝えしたいと思います。そして、この翻訳を行ったのが教授ではなく、指導を受けている学生たちであったことは、なんと腑に落ちる成り行きでしょう！　この壮大な課題に取り組んでくれた岩田二美代さん、杉本任士さん、村井佳比子さんにお祝い申し上げます。最後に、私と連絡を取り、ご自分の学生たちをプロジェクトに引き込んでくださった眞邉一近教授に感謝申し上げます。私をこのプロジェクトに加えて下さったみなさん、ありがとうございました。このようなかたちで父に栄誉を授けることができて、私は本当に幸せです。

ジョン・V・ケラー
ヘンダーソンビル，NC アメリカ合衆国

序　章

この本は、大学や高校を卒業し少なくとも９年生程度の読解力を持つ一般の人が読めるように、オーソドックスなスタイルで書かれたものである。私はこれを書きながら、母校の存続が危ういことに動揺し、しかしどうすればいいのか——何を直し、何を変えるよう提案し、支援すべきなのかもわからずにいる保護者や親族、友人、教育委員会のメンバー、理事や役員、そしてOBやOGのことを考えていた。

私はまた、高校や大学に在学中の学生のことも考えていた。彼らは、教師か、彼ら自身か、あるいはシステムの何かがうまくいっていないことにはあらかた気づいている。しかし、それらの何が問題なのか、たいていわからないでいる。時には彼らは闇雲に突っ走り、抵抗し、逃げ出すことさえある。そして、ほとんどの場合は学校に留まり、どうにか混乱の中をやり過ごすのである。彼らのうちのほんの一握りはより高いレベルに進学し、その理由はさまざまで、そのすべてが良い理由というわけではない。これまでのところは、小・中・高校や大学が破綻するところまでには至っていないが、事態は今、急速に変化し、悪化している。

この本で語られる失敗のストーリーは、学生の、教師の、そして彼らが一員として関与する教育システムの、失敗のストーリーである。しかし、このストーリーはそこで終わるものではない。これはまた、過去200年以上にわたり学校を支配してきた教育方法にとって代わる、きわめてシンプルな学習の法則に基づいた展開の報告でもある。

本書に紹介するシステムは、まず高等教育を対象とはしているが、あらゆるレベルとすべての学習分野に適用することができるものである。それは、あらゆるタイプの学生に有効である。若者だけでなく年長者、才能のある者、発達に遅れのある者、「平均的」な者、体育会系あるいは音楽系、その他特別なスキルを持つ者、マイノリティや定時制の学生、障害を持つ者や恵まれない者、それらすべての者に有効である。例外はひとりもない。

本書は、おおむね次の５つの主要なパートに分けることができる。まず、私の初期の研究や仕事、教育者としての最初の数年について、そして私の進路に大きな影響を与えてくれた恩師スキナー先生について概説している。２つ目にそれらの事項のいくつかを、軍隊の訓練の見地から語っている。３つ目は強化理論を用いた私の教育方法改善の取り組みについて。４つ目はブラジル訪問とその影響について。そして最後に、私たちの学校でのグループ教授に代わる教育の始まりと展開について説明している。

さらに、効果的な指導や教育改革の問題に並々ならぬ関心を寄せる読者のために、付録をつけている。また、ストーリーの中に出てくる人物や要点を明確にするために該当箇所に番号を振り、注釈をつけた。

目　次

第1章
大学入学準備

18歳よりかなり以前から、私は自分が落ちこぼれだということに気づいていた。小学校では優等生だったが高校は中退した。しかも２回も。いくつかの仕事に取り組み、すべてにやる気を失った。食料品店の使い走りや教会の用務員、家具製造工場ではタンスの引き出しを磨く仕事をした。家族の収入を増やすことはできたが、どの仕事にも満足できなかった。両親は私には我慢強さがないと言った。

私は漫画を描き始めた。ウッドロー・ウィルソン大統領を描写した線画を模写して美術学校に送ると、すぐに私の才能を見いだしてくれた。模写用に他の素材も与えられ、モデルのサイズより大きな絵を描く優れた技法を学んだ。私はウッドロー・ウィルソン大統領でかなりのスキルを習得した。それでも私はこの進路を諦めた。授業料は高く、私の興味は薄らいでしまった。

その時、私は自分の問題を解決してくれそうな本に出合った。その本は活字の大きい大型の本で、確かエラリー・チャニング・ハドックといったような３つの印象的な名前の男性が書いた本だった。タイトルは『意志の力』（*Power of Will*）だったと記憶している。そしてそれには、簡単な指示に従うだけで自分の意思を強くできる方法が書かれていた。実行すべきことのひとつは、毎朝毎晩決められた回数、ベッド枠の真鍮の丸い取っ手をぎゅっと握るというものだった（回数は忘れてしまった）。

この本のおかげで私は強い握力を手に入れ、握手をするときそれを指摘されることがあった。これである程度は飽きっぽい私の性格が改善されたかもしれない。それでも基本的な欲求は満たされることはなかった。私のモチベーションは以前と同じように消え失せていくようだった。私はその本を脇に置き、自分の強みを生かせる別の道を探し始めた。

その道のひとつは、町のウエスタン・ユニオン電報社での仕事にあった。私は配達人になり、濃紺のユニフォームと制帽を身に着けた。オペレーターからさまざまな電報を受け取り、窓付き封筒に入れて、できる限り迅速に自転車で配達し、受け取りのサインをもらってオフィスに戻った。私は先に電報を読み、配達の時に受取人の反応を観察した。時折５セントや10セントのチップをもらった。上司のマーカー氏は、私が見つけにくい住所を探し出したり、記録的短時間で配達したことを褒めてくれたりした。私の任務はいつも明確で、完璧が要求されるもので、わずかでも頻繁にご褒美があった。

私は決してこの仕事に飽きることはなかった。しかし、いつまでも少年のままでいられないこともわかっていた（成人男子が配達人として仕事していたのは大都市だけだった）。マーカー氏の提案とトーマス・エジソンの前例から、私はもう少し高いところを目指すことにした。単調でぎこちなくはあったが、時に進歩を感じながら、空いた時間にモールス信号を学び始めた。私は明らかに以前よりも粘り強くなっていた。１年足らずで見習い期間は終わり、別の町で一人前のオペレーターになった。私は、もっと熟練して大都市、できればニューヨークで働くことを夢見た。

電信は魅力的だった。そこには秘密のコトバとしての魅力があった。送信して受信することの目新しさ、異なる「フィスト（オペレーターの通信スタイル）」をよりよく見分けられるようになることの満足感、メッセージ処理速度に対する自信、私の作業を見た人の畏怖や驚きの表情、そして自分の仕事を楽しめていない、あるいは学校に残らなければならない同世代の人たちの羨みの表情。その仕事を続けることに何の問題もなかった。

この種の通信システムは、しかしながら、すぐに別のものに取って代わられることになった。電報配達人が電話に取って代わられたように、電信技手は徐々にテレタイプ端末に仕事の場を奪われていった。それからはこの新しいデバイス同士の競争が始まり、多くの男性、女性、そして少年たちをもう少し高尚な仕事へと送り出した。

私はこの影響を直接受けることはなかった。第１次大戦が勃発したのである。電報配達人時代ははるか昔の出来事であり、愛国の波の中で米陸軍に入隊したことで、オペレーター時代も中断された。戦争が終わる頃までに、私は自分の将来について再考するに至っていた。

兵士として、するべき仕事は明確に示されているし、そうでなくてはならない。全般に、兵士は何をすべきかはっきりわかっており、通常はそれに従う。人が受け取る「報酬」はしばしば、文句や非難を封じる意味で与えられる。モチベーションは失われることはなく、システムの中に組み込まれていく。私が自分の仕事を継続することには問題はなかった。他にできることがほとんどなかったからである。しばらくして私は軍曹になった。しかし軍隊生活は私にとってさほど魅力的ではなく、終戦後、再び普通の服装に戻れた時はうれしかった。

停戦が宣言された後も、私はまだ軍服を着てライン川で進駐軍として兵役に就いていた。その時、政府の費用で若干の学校教育を受けることになった。大学レベルの商法のコースに入り、いくつかのクラスを受講した。教師はテーブルの向こう側に座り、前に置いた資料を読み、講義中にほとんど私たちの方を見ることはなかった。10人から15人のクラスメイトは、時々用紙やノートに何かを書き留めていた。時折理解できる言葉があったが、ほとんどわからず、私が頭の中でイメージしたことはしばしば、その教師が意図したものではなかった（例えば「不法行為」という言葉がそのひとつだ)。早い話、私はコースから落ちこぼれ、そのために規制区域から出るための夜間外出許可証を返上し、再び挫折感に苛まれることになった。

しかし、それでも私は自分を成長させようとした。非番のときにはリテラリー・ダイジェストを読み、コブレンツに１、２度オペラを観に行き、ハンネローレ・ツィーグラーが踊るのを見に行き、そして大学でしばらく一緒に過ごした２人の軍曹との交友も続けた。私は学校に戻る日について考え始めた。

再び故郷に戻った時、ウエスタン・ユニオンには仕事がなかったので、私は友人（戦時中の仲間）のアドバイスで、バーモント州のゴダード神学校にスポーツ奨学金制度を使って入学することにした。学力は十分ではなかったものの、１年足らずで大学に入学できる資格を得た。私は服の着こなしとダンスを覚え、そしてかろうじてフットボールで優秀選手に選ばれた。さらに私は陸上部とバスケットボールチームに所属して優れた選手たちと対戦し、授業では詩を書いたこともあった。退役軍人なので学業はあまり期待されてはいなかった。それでも、私はより高い教育を受ける準備ができたと思えるようになった。

第2章 教師になる準備

タフツ・カレッジ（現タフツ大学）で、再度失敗に立ち向かうことになった。私は他の若い男女と共に教室で講義を受けた。それは以前に受けた商法の講義ほどではないものの、あまり良いものでもなかった。私は他の学生と同様にノートを買った。しかし、あまり助けにはならなかった。講師のだらしない服装、そぐわない眺めや音、匂い、あるいは講義中の関心の高まりさえ、いつもレポートを適切に書くことの妨げになった。

1974年８月４日付けのワシントン・ポストに、ある著名な教育者の記事が掲載された。注意力を高める方法について書かれたこの記事を、当時読むことができていれば、その恩恵を受けることができたであろうに。著者によると、第一の規則は次のとおりである。「毎朝自分に『今日は聞かなくてはいけない』と言いなさい。そうすれば素早く行動に移せます」。もうひとつの重要なことは「聞く態勢で座りなさい。だらけた姿勢は、心もだらけさせます」。同様の効果をもたらすアイデアが他に７つあった。ノートを取ることについて、この著者は「ふんだんに考え、インクは少なく（ペンを温存し、もっと思考を使いなさい）」と述べており、それは確かに問題の核心をついていた。しかし1921年の私の中には、グレーソン・エルモア・チャドックと彼の著書『意志の力』しかなかった。

結果として大学の授業からあまり得るものはなかった。１年生の数学は、３回目のトライでやっとパスした。それも平々凡々たる成績で。生物学はまだましだったが、教授がとげとげしい人物で、私などは価値がない人間だと感じさせられ、私はそれ以上に上へ進むことはなかった。私の「専攻」である英文学についてはまずまずの成績だった。それでも、表彰されるほどではなかった。

しかしながら、重要な成果がひとつあった。私は失敗と折り合いをつけながら生きていくことを学んだのである。これができた理由は、ひとつには、私は受ける授業を厳選し、完全にどん底に落ち込む前に履修をやめてきたからである。またひとつには、先生方もまた失敗とうまくやっていくことを学んでいたからである。さらにまた、私の友人たちの多くが私と似たり寄ったりの成績を取っていたこともある。そして、食料品店や教会や工場、ウエスタン・ユニオン、軍隊での仕事とは違い、私が完璧に責務を果たすとは誰も期待しなかったからでもある。

ポジティブな面としては、授業から学べたことが多少はあった。仲間からは生き残るすべを学んだ。社交的催しやさまざまな課外活動にも参加した。そして費用をまかなうために電信会社でアルバイトもした。現在も変わりはないが、1920年代も学業への関心は平均的な学生の１日の時間の中でわずかな割合を占めるのみだった。

４年後、私はまだ学士号を取得していなかったものの、おそらくこれが最後と思い大学を去り、マサチューセッツ州のアンドーバーにあるアンドーバープレス社の印刷業務のセールスマンになった。１年間この仕事を続けた。新しい仕事に偶然出合わなければ、もっと長く続けていたかもしれなかった。

1925年初め、ボストンのオールドコーナー書店で、私はジョンB.ワトソンによって書かれた心理学のテキスト[注1]を購入した。これを買ったのは、セールスに役立つかもしれない人間の行動についてインスピレーションを得るためであった。心理学は広告を成功させる鍵だといわれており、広告サービスは印刷業の売り上げの助けになるといわれていた。私はボストンにある大きなデパートで広告に関する夜間の講座を受講しており、先生の話からそういった本を買うことを思いついた。ワトソンの本は単に、私の目にとまった最初の本にすぎなかった。

この本は私に広告の謎に包まれた部分を明らかにしてくれることはなかったし、印刷業の営業マンである私の助けにはならなかった。しかし、私をもう１年大学に戻る気持ちにさせた。私は大学で必須科目である体育を修得し、落とした単位を教会の礼拝を休んで取ることができた。そして初めて心理学の授業を履修した。次の春には学士号を取得し、ハーバードの心理学教室の大学院生として受け入れてもらえることになった。２通の推薦書と５分間の面接[注2]で、私の学部時代の成績を不問にしてもらえた。

５年後には博士号を取得した。私はすべての基本講座を履修し、数人のクラスメイトから借りたノートと自分自身のノートをまとめたものを暗記したおかげで、単位を取得できた。数理解析の本を購入したが、それに関しては進歩はなかった。また、テキストを使って統計学を独学しようと試みたが、大した成果はなかった。しかし私は権威とうまくやっていくことにし、自分の先生たちを見習うようになった。私は講座のアシスタントおよび大学のチューターになり、ホワイトラットの迷路学習に関する学位論文を書いた。私は自分がしてもらったことを、今度は他の人にする心の準備ができていた。

振り返ると、大学院で学んだ最も重要なことは、バラス・フレデリック・スキナー[注3]というひとりの学生から得たように思う（私はバラスと呼んでいたが、他の人たちはフレッドと呼んでいた）。彼は箱を持っており、その中にはさらに小さな箱があり、そこに空腹の実験用のラットを入れていた。ラットが箱の中を探索中に、壁から突き出ているレバーを押し下げると、エサのペレットがレバーの下のトレーに出てくるようになっていた。このような状況下で、ラットはほんの数分、時には数秒で、レバーを押し下げてエサを得る方法を習得した。ペレットがたまにしか出て来なくなっても、ラットはレバーを押し続け、時には高速でレバーを押し続けた。レバーを押してもエサが完全に提示されなくなった場合でも、ラットはしばらくレバーを押し続けた。

ある実験で、友人は実験箱の中で音を鳴らした。音が鳴った時にラットがレバーを押し下げるとペレットはすぐ出てくるが、音のない時に押してもエサは出て来ない。音を鳴らす時と鳴らさない時を交互に繰り返すと、ラットは完全に弁別することを学習した。音が鳴るとレバーを素早く押し、音がない時には反応しなかった。当時はこの実験の意味がわからなかった。後にこれが私の理論の構築において大きな役割を果たすようになった。

「学んだことのすべてを忘れたあとに残っているものが教育である」という言葉がある。もしこれが真実なら、私は短期間で教育を得たことになる。大学院を修了した時、私は学んだことをほとんど覚えていなかったが、教師になる準備はできていた。私は机の向こうに座るか演台の向こうに立って学生に話しかけるだろう。彼らは、私の言葉をノートに記入するだろう。

第3章
教育実習

私の教師としての見習い期間（これもそう呼べるなら）は、1926年に始まった。この年は学士号を取得した年であった。タフツ・カレッジで講師の仕事を得られたので、ハーバード大学に定時制の大学院生として入学した。ハーバードではボーリング教授のもとで心理学の歴史を、プラット教授のもとで精神物理学を学んだ。タフツ・カレッジのメドフォード・ヒルサイド・キャンパスでは比較心理学を、そしてボストンの医学部では、医学部進学課程の学生向けに心理学概論を教えた。後者の講座はその前年、同じタフツ・カレッジの卒業生であるレオナルド・カーマイケル[注4]から紹介されたもので、教師を志す者にとっては厳しい試練とされていた。

医学部の教室は、かつては家畜小屋の一部であり、それはその殺風景な見た目や匂いからでも察しがついた。私の教え子たちもその粗野な雰囲気を裏切らなかった。授業開始前の教室にはチョークが飛び交い、講義中黒板を使用する教師は危険を承知で背を向けなければならなかった。前任者はチョークを投げた者を見つけたら落第させると警告せざるを得なかった。

そんなアスクレピオス（医学神）の息子たちのために私が考え出した授業については一言では説明できない。何を教科書に使用したか覚えていないが、それはどちらでもよい。私自身が心理学の入門講座を受けたことがなかったので、ジョン・ワトソンや、タフツ・カレッジで受けた感情に関する授業、ボーリング教授の歴史の授業とプラット教授の精神物理学をもとに、一連の講義を組み立てなければならなかった。

そこで、私は読書から得た新しい情報とともに、私自身の授業ノートの内容を使用した。まず生命・感覚・理性の３つのレベルをもとに語られるアリストテレスの霊魂論から始めた。鼻の形で性格が明らかになるとする彼の考えを説明した。２つの円を黒板に描いて心と体の関係について話した。私はいわゆる心理学ではないもの――例えば、骨相学や手相判断にも１週間は費やしている。心理学は実践的な場面、例えば広告コピーを作るときや、心理テストなどに活用できると話した。感覚については手短に説明し、錯視については十分な時間を費やした。心象や表象型、そしてフランシス・ゴルトンの「朝の食卓質問紙」について話した。記憶に関してのデモンストレーションを行い、「無意味音節」とその科学的価値について話した。またソーンダイク教授の猫を使った問題箱実験や、ジョン・ワトソンの幼児の研究について解説した。また天文学と反応時間について、催眠や幻覚、妄想について、さらに神経症と精神病について講義した。最後の講義で、これらすべての要素を、他者に寛容であるべきとする教訓となんとか結び付けることができた。

この盛りだくさんの授業のひとつひとつの準備にかなりの時間を費やした。50分の授業時間を使い切り、納屋にチョークが飛び交わないような授業内容にふさわしい情報を必死に探した。時折、準備しすぎて翌日はげっそりして講義を行ったりした。準備不足の時は相応の情けない結果になることもあった。しかし、全体として人前での話し方は上達しているのを感じていた。私が学生たちにどれだけのことを教えたかは別の問題で、その時にはそのことを考えたいとも思わなければ、考える余裕もなかった。２回の期末試験で「一般的な」ＡからＦの評点を振り分けた。

メドフォード・ヒルサイド・キャンパスでの比較心理学の授業では、面倒なことはほとんどなかった。私はジョン・ワトソンの行動理論の教科書を学生用に使用し、マーガレット・ウォッシュバーンの『動物の心理』というもうひとつの教科書から講義内容をまとめ上げた。動物が心を持っているとは信じていなかったが、この本は多くの種の実験データが満載されていたので、それは動物の精神生活とは関連なく使用することができた。受講者が少なかったおかげで、多くのディスカッションを行い、授業を活気づけることができた。

タフツ・カレッジでは3年間しか働かなかった。理由ははっきりしないまま職を解され、1931年にニューヨークのハミルトンにあるコルゲート大学で常勤職に採用されるまで教員養成トレーニングを受けることはなかった。

「教師の資質を確かめるには3年、研究者についてはさらに5年が必要である」。これが40年代あるいはそれ以前の大学の一般的な基準であった。すなわち、最初の必要条件を満たすと助教になり昇給した。2番目の条件を満たすと准教授になり昇給し、退職まで雇用が保証される終身在職権を得た。しかし1930年代のコルゲートで私は講師として昇給がないまま7年間を過ごした。その理由は世界大恐慌である。とにもかくにも、その10年で私の教師としての見習い期間を終えた。

コルゲート大学の教員としての最初の年、各学期に2つの講義と1つの演習を担当するよう依頼された。講義のひとつは心理学概論であった。もうひとつの講義名は忘れてしまったが重要な問題ではない。新人教師の誰もがすぐに学ぶ法則がある。それは講義の名称が何であれ、知っていることだけを教えろ、という法則である。

心理学概論の講義を再び用いて、私の歩んだ道を示してみよう。前回と同様に私は学生用に教科書を選ばなければならなかった。これは楽なことではなかった。検討したすべての教科書には一長一短があった。私の好みでない見解を推奨していたり、学生からの要求があっても私が詳しく説明することができない題材を含んでいたりした。最終的に私は、教科書の選択は大した問題ではないと結論づけた。著名な作家の本を選び、そこから選んだテーマで課題を出し、私がうまく扱えるトピックを選択して、1学期に2回の試験問題を作成し、それ以外のことは無視した。コース料理に例えると講義がメインディッシュで、教科書は副菜であった。

私は大学院時代のノートを調べ、また大学院の期間に知ったことやわかったことを精査した後、この学問の定義づけ、つまり心理学とはそもそも何かというところから講義を始めることにした。ノートの大部分は実際のところ、この目的にはそぐわなかったが、その他のものは確実に使うことができた。例えば、それらは５年前に心理学の歴史や体系の授業から学んだものであった。

再び私は、アリストテレスについての講義を行うことから、最初の約１週間の授業を始めた。次にクラウディウス・ガレノスについての講義をした。彼は「体液」（血液、粘液、黒胆汁、黄胆汁）とそれに伴う気質（楽天的、無気力、憂うつ、怒りっぽい）について述べたローマ帝国のギリシャ人医師であった。彼は神経系の構造にも興味を持っており、敗軍のローマ人兵士を解剖したのではないかと私は思っている。あるいは豚や猿だったかもしれない。

授業が進むにつれ、私は大学院で学んだ内容の中からより新鮮で活気のある題材を選び、デカルトの教えから、英国思想家の「精神哲学」やドイツ人の精神物理学に移り、心理学の創始者であるウィルヘルム・ヴント（Voont のような発音）に至った。

その後、1930年代に存在した心理学の学派やシステムについての講義をした。それらは構造主義、機能主義、行動主義、ゲシュタルトであり、それぞれが異なった心理学の定義づけをしていた。私は、行動主義こそが最終的でおそらく最高のものであることを、講義で自分のできる限り印象づけた。

ほとんどの教師は自分のメモを使って講義する。私が知るひとりの教授[注5]は、走り書きしたいくつかの言葉が記された封筒をクラスに持参し、素晴らしい講義を行った。メモをまったく使わない先生もいると聞いた。それはおそらく非常にまれであろう。私の場合、コルゲート大学で新人教師の時には、別の方法を用いた。前もって講義内容をタイプし、壇上で学生に向かってそれを「読んだ」のだ。

読者の中にはそれはインチキだと思う人もいるかもしれないがそうではない。読んでいるのがわからないよう、読み方にいろいろと工夫を凝らしたからである。学生にはさも「即興」で話しているように思わせるようにし、語ろうとする内容に自信がある時には、読まずに自分自身の言葉で話した。時には故意に口ごもったり、また考え込んでいるように間を置いたりもした。時には演台を離れて少し歩き回って余談もした。また、著者の名前を伏せて言葉を「引用」した。著者とは私であったのだが。その後、徐々に主題を深く理解できるようになると、自分の台本の中の重要な文章に下線を引き、それを自分の記録として使った。しかし私はいつも事前に、自分の前に学生がいることをイメージしながら講義の内容をすべて書き起こした。

私はこの方法を、経験の浅い教師に強く勧める。この方法は、まだ力量がなくてもプロであるように学生に思わせることができる。講義内容の筋道がくっきりし、語彙は増え、そう簡単にはぶれず、授業終了まで話が尽きることはなくなるのである。また、学期終了時には講義内容を検証することができる。つまり、間違いを修正し、再編集、削除、追加が可能で、前年度のジョークの繰り返しを避けることもできる。その講義をやめて何か新しいことを始める時が来るまで、あるいは自分が１冊の本を作り上げたことに気づく日が来るまでは、新学期の都度、前学期よりも良いものを学生に提供していかなければならない。

新人の教師諸君に申し上げたい。講義をするつもりなら、すべて書き出しなさい！

第4章

コメニウスへの傾倒

教師になりたての頃、私は教授法についてあまり考えたことがなかった。知っている授業形式といえば、デモンストレーションやディスカッションなどを適宜取り入れたもの、あるいは実験室での授業などであった。「教育学」とは良い言葉ではなく「独断的で学者ぶった堅物」の教育者によって行われる学問と定義される。彼らは、子どもたちに読み書きを教えるといった、さほど重視されない教育分野で働く者であった。少なくとも私はそう考えていた。

1938年から勤務していたコロンビア大学で、私は時々、授業に新しい工夫を加えることを試みた。例えば、講義をデモンストレーションへと差し替えたり、映像などの装置を使用したり、テストの頻度や形式を変えたりした。しかし、言ってみれば私のこの「方式」は、1638年にヨハン・コメニウスによって書かれた『大教授学』(*The Great Didactic*)の中にほとんど記されていた。

コメニウスはモラヴィアの司祭で、本名をヤン・アーモス・コメンスキーという(1592-1690年)。次に引用する論文の中で、彼は講義システムとグループ教授について述べている。

「ひとりの教師が数百人の学生を一度に教えることはもちろん可能であるし、それこそが必要不可欠なものであると私は断言する。教師と学生の両者にとって、これはきわめて効果的な方法である。目の前の学生数が多ければ多いほど、教師は自分の仕事への関心を高め、教師自身が熱心になればなるほど、学生たちの示す熱意は大きくなる。同様に学生にとって、大勢の仲間の存在は有益であるばかりでなく喜びを生むものでもある(学業を共にする友を持つことが皆に喜びをもたらすからである)。学生たちは互いに刺激し合い、助け合うからである」注6

コメンスキーによると、教師は個別教授にかかわるべきではない。むしろ教室の前の一段高い演台に立ち、学生たちを視界に収めながらきちんと話を聞かせるようにしなくてはならない。講義の始めに学生の関心を引きつける方法で、あるいはいくつかの質問をしたりすることで、主題を手短に提示すべきである。その後の講義の中では、実用的なあるいは面白い題材を提供して学生の興味を喚起するのである。時には説明を中断し「私は一体どうしてこう考えるに至ったと思いますか？」といった質問をはさむ。そして一番良い答えを述べた学生を賞賛すべきである。そうすれば他の学生はそれを見習おうとする。講義の終わりには「学生は、知りたいことについてどんな質問でもできる雰囲気にいるべきである」[注6]

教師を始めた頃はコメンスキーのことをよく知らなかった。研究室の前の使用者が残した書籍の中に彼の教授法を見つけたのはつい最近だった。にもかかわらず私はコメンスキーに傾倒した。私が教師を始める頃までに、すでにほとんどの高等教育は彼の考えに基づいたものになっていた。それはまるで知らず知らずのうちに彼のアドバイスに従っているかのようであった。

私はほとんどの講義を、目の前に座る学生たちひとりひとりの顔が見える位置から行った。時々私は、事前にテーマの概略を説明したり、質問を提示したりした。面白い話や実用例も入れてみた。視覚教材を使用し（これもかの達人の提案だが）、学生の注意力を維持させるために講義の合間によく質問を行った。授業の終わりにはまとめを行い、学生が混乱している部分や間違って理解している部分を明確にする機会を与えた。私が行ったほとんどすべてにコメンスキーは賛同してくれただろうと私は確信している。

私が彼について読んだ限り、どの本にも彼の教授法の成果、つまり学生に対する効果については何も書かれていなかった。学生の意見調査において、彼の学生へのグレード分け、彼の講義姿勢、他の教師の授業との比較はどうだったのだろうか？　私は自分自身に対する評価を知るために、初めて授業評価の調査を行った。教師や教師の指導を学生はどう感じたか知ろうとする試みは、ごく最近まであまり重視していなかった。

最初の数年間の教師としての私自身への評価は、芳しいとは言い難い。コメンスキーの教育法で努力を重ねてきたが、私の描いていた目標を達成した学生は、全学生のほんの1割にすぎなかった。少なくとも彼らの半数の成績は、私の大学での成績と同程度しかなく、中には私が商法の授業で持ったと同じ感情を持っている者もいるように思えた。

それで私が教師を諦め、もっと満足のいく仕事を探したか？　答えはノーである。勉強ができないことが学校を離れる理由にならないのと同じように、効果的な指導に失敗することが教職を去る理由にはならない。ほかにも価値を見いだせる側面がある。さらに、まったく、もしくは少ししか講義をせずに大学に残る方法だってある。これについては後に触れよう。

今なら別の方法でグループ教授を行えただろう。各学期の授業に先だって私の講義を録画し、大学院生のアシスタントがそれを学生に見せ、アシスタントはそれを基に試験の作成、実施、および採点も行っただろう。この戦略は、大学では以前から時々使用されており、学生にとっては有益ではなかったかもしれない。しかし、私が問題に遭遇する頻度は減っただろう。残念ながらこの技術はその頃の教室にはまだ存在しなかった。1週間に数時間は学生に「ライブ」で私を見てもらわざるを得なかった。コメンスキーはこのライブ授業のほうを歓迎したであろうが、私にとってはしばしば気の滅入ることであった。

私のコメンスキーについてのコメントから、高等教育の場における伝統的な教授法は物足りないとする印象を与えたかもしれない。しかし公正を期して言うならば、その講義方法は、教師だけでなく学生にとっても有意義なものであり、軽んじられたり否定されたりしてはならないことを、私は強く主張しておく。

私は小さな町に暮らしていた子どもの頃から演説に感銘を受けてきた。7月4日（独立記念日）や他の大きな行事の日には、各地で演説が行われていた。町の名士が、公園の野外ステージをとりまく群衆の前に立ち、素晴らしい抑揚をつけて愛国的な言葉を発するのを聞くと、私の背骨は興奮でうずき、この地域社会の一員であることの誇りはこの上なく高まったものである。日曜日の教会での宗教講話、特に他の教会から来た牧師や伝道者による説教は、意気を高めてくれるもうひとつの源であった。今日の人々にとってビリー・グラハムという名前がそうであるように、私の青春時代のあこがれのひとりはビリー・サンデーという人だった。さらに、私は町役場で、バーピラット博士がどのようにして少年非行と性犯罪の生活から抜け出して人への奉仕に生きる人生へと這い上がってきたかを語った時のことを覚えている。そのスピーチの後、彼は自分の有名な治療薬を、そこに集まった多くの人たちに販売した。

学術的な講義もまた価値がある。講義の準備を行う教師だけではなく、聞き手にとっても価値がある。多くの学生が知っているように、講義は時に感動を与え、時に知識を伝えてくれるかもしれないのである。教師の腕前が上がれば上がるほど、またそのメッセージがシンプルであるほど、そして学生の経歴の類似性が高まれば高まるほど、教師の言葉はより多くの学生の胸に届くことになる。50分間という割当時間内に、口頭での解説、論拠、人を楽しませる要素などを見事にまとめ上げて伝える達人の演者は、この役割をこれからも否定されることはないであろうし、また否定されるべきではない。ただしこれは、その講義方法が教育上理想的であるという意味ではない。

本を読んで学ぶ読み手と違い、講義の聴き手は、聴くのを少しやめて考えることができない。今聞いたことについてあれこれ考えをめぐらすことができないし、思索の横道にそれることもできない。聴き手は、もう一度検討したくとも、少し前の発言内容に戻ることができない。ページの余白にコメントや質問を書くこともできないし、意味がわからないからといって友人のところに尋ねに行くこともできない。ただ、話者の才能に驚嘆したり、伝えられたメッセージに意気を高められたりする。教師が未熟で技量に乏しい場合は、聴き手は講義中に手紙を書いたり、クラスメイトとメッセージの交換をしたり、新聞を読んだり、他の勉強をしたり、睡眠不足を解消するために居眠りしたりするかもしれない。

第5章
大学でのモールス信号

精神分析家の分析を受けるまでもなく、私のモールス信号への熱意は消えることはなかった。コルゲート大学にいた頃、そこは小さな大学の町で、私は機会を見つけては自分の腕を活かせるかつての仕事に従事した。秋の土曜日の午後は、地元のフットボールの試合の記事を都会の新聞社に送ることで追加収入を得ていた。また、同じ宿舎にいるウエスタン・ユニオン社のオペレーターが病気や休暇のとき、彼の代理を務めることもあった。電報を打つ音は、いかなる状況にあっても私の耳に入ってきた。

後のコロンビア大学ではそのような機会はなかったが、第二次世界大戦中にはかつてないほど多くの無線通信士が必要とされ、私の関心は無線通信に用いられていたサミュエル・モールスの国際信号に向けられた。昔、マーカー氏の事務所でアメリカ式信号に取り組み始めた頃の自分の悪戦苦闘ぶりを思い出した。そして実験用ラットが音に反応していた、箱の中の小さなあの箱のことを思い出した。

その実験ではラットが発信音を聞き、音に反応してレバーを押すと即時に少量のエサを得ることができた。一方、「私」が特定のパターンのクリック音を聞き、正しく反応した時に得たものは一体何だっただろうか。信号受信の習得に長い時間がかかった理由がわかり始めた。

ラットから学んだことを活用するために、国際モールス信号の文字と数字を学生たちに認識させるための簡単な手順を考案した。それには３つの基本的な特徴があった。

1．個々の信号音が学生の耳に聞こえる（例えば、トン ツー）。

2．約３秒の休止時間があり、この間に学生はその信号が表していると思う文字や数字を記録する（例えば、Ａという文字）。

3．３秒が経過すると教師が正解を言う（例えば、文字がＡであったなら Able と教師は言う）。その後すぐ別の信号で同じ手順を繰り返す。

学生の信号への反応が正しかった場合、報酬としてそれが正解であることが告げられ、不正解もしくは反応しなかった場合は、単純に間違いであることと、どう対応すべきであったかが告げられた。

この手続きを私は「信号ー音声法」と呼んでいた。この方法では刺激が明確で、その刺激に対する特定の反応が必ず生起し、行動はその直後に強化されるか、あるいは修正された。この方法を実用化するために必要としたのは、信号を出すための電鍵と安価なオーディオ発振器、無線信号を送信する私自身の短い練習時間、そして学生を集めることだけだった。いずれも難しいことではなかった。

２、３回の試行で、ボランティア学生である実験参加者の学習能力はラットにひけをとらなかった。実際には、はるかに優れていた。１日10時間から12時間の練習で、平均的な学生はひとつだけでなく、各々異なる反応が要求される36種類の信号を習得することができた。このことが私の背中を押してくれた。

「あちこちの戦線で攻撃が開始された（以前のリポートから引用）。学生、スタッフ、そして友人たちが私たちの活動に相次いで参加してくれた。学部のゼミでは、信号研究とトレーニング方法についての文献を調べ上げた。同僚と助手は、聴覚信号、視覚信号さらには触覚信号も発信する簡素な装置を組み立てた。近隣の軍人用、民間人用両方のトレーニングセンターにも出向いた。公式・非公式の実験を行い、信号を学生たちに教えた。それは教室で、私の研究室で、そして食堂のテーブルで行われた……」注7

学生の訓練成果が即時にわかるように、チームメンバーが特別な形式の練習シートを作った。練習シートには図１で示すように、１つのブロ

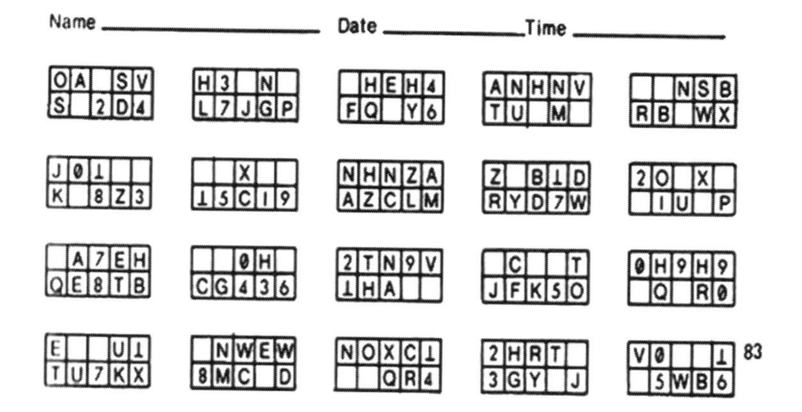

図１． Daily practice sheet.

ックに10個の箱（上５個、下５個を２列に並べたもの）が印刷されていた。

学生は、信号が聞こえたら上段にその信号に相当する文字または数字を印字した。また信号が認識できない、あるいは推測できなかった場合には空欄のままにするようにした。上記の例からこの本の読者は、これがどのように機能するかを見ることができるはずである。訓練の最初の信号に対してＳと印字しなければならないところ、学生はＯと印字していることがわかる。次に送信された信号に対して学生は正しい反応Ａを印字した（学生がすでに多少信号を知っていることを示している）。次の信号を聞いた時は推測すらできなかったが、その後、それが２であったことを知った。このように訓練は続いていった。100個の信号の送信が終了した際、学生の正解数は下段の空欄の数からすぐに算出された（訳者注：この記述では明確ではないが、この訓練では、学生に信号を送信し、学生は対応した文字や数字を上段に印字し、まったく推測すらできない場合は空欄にした。その直後に正解が音声で与えられ、間違っている場合は、下段にその正解の文字を印字し、正しい場合は何も印字しないという手続きで訓練されていたと推定される。この方法が「信号ー音声法」と呼ばれる手続きであると推測される)。

これらの訓練シートから、私たちは信号習得の進捗率を推定することができた。同様に、どの信号が習得しやすく、どの信号が難しいか、あるいはどの信号がどの信号によく間違えられやすいかといった信号の難易度も推定できた。学生も、訓練を重ねるごとに自身の進歩がわかり、独自の問題がある場合にはそれが明確になった。

私たちのこの研究が大学中に知れわたり、大学に信号教育学科の設立が提案され、経営陣から承認を得た後、学部内に設置された。学期内に所定の信号受信速度に達した学生には、履修単位が何単位か与えられた。学生がすべての基本的な信号を完全に習得するまで、信号ー音声法は使用された。その後、音声は与えないようにし、コードだけの連続した100個の信号を提示して、その後で正しい文字と数字の「コールバック」を行い、いつものように間違いを訂正した。ある信号速度を習得した時点ですぐ、学生はそれより少し上の速度の課題に移り、それは当該コースの目標を達成するまで続けられた。

このようにして私は教師というよりトレーナーになった(この2つの境界は平和な時と違って戦争時には明確ではなかった)。私は信号を送信しながら学部の訓練生の急速な上達を見守るという幸せな時間を過ごした。1年も経過しないうちにクラスの学生数が増えすぎ、私ひとりでは担当できなくなった。2人のファシリテーター[注8](教職員)が自主的に名乗り出てくれ、私たちは一度に60名の学生の指導を3つのレベルに分けて行うことができた。こうしてどのような学生でも、ある信号速度がマスターできればすぐに次の信号速度に上げていくことが可能になった。将来の詩人、哲学者、学部長、歴史家や弁護士は、兵役を目前にして有用な軍隊の技能を身につけるべく懸命に励んでいた。私たちが指導を楽しんでいたのと同じくらい、彼らは学ぶことを楽しんでいた。1、2人の例外を除き、学生たちは学期が終了するかなり前にそのコースの基準に達していた。何人かは、期間内に要求されていた速度の実に2倍の速度でゴールを達成した。

第6章
軍隊従事

大学生に信号を教えることに成功したので、第2段階へ進むことができた。それは、この方法を軍事訓練の場に活用することであった。米陸軍総監の参謀[注9]の協力を得て、ニュージャージー州フォートモンマスへの数回の調査訪問の後、陸軍通信隊の訓練生に対して、私たちの新しい方法を試用する許可を得た。1942年の夏、研究環境というには厳しい環境の中で、私たちの最初の試みが行われた。この状況に同情的で手助けしてくれた中尉と共に、私たちは信号－音声の録音を行い、ニュージャージー州イートンタウンのキャンプウッドの空き兵舎に移動して、通信隊の新入隊員に信号を教え始めた。

2カ月も経たないうちに、学生の満足度、訓練効果、訓練将校の承認、教育幹部からの支援といったものを得て、私たちのメソッドが成功したことを確信した。その後、訓練担当の将校から、これを最高の軍務にするために私に専門家部隊の少佐として再入隊してはどうかと勧められた。

軍での任務、2度目の兵役（条件は随分改善されている）、そして本職の教師の仕事からしばらく離れることについて考え、家族とも相談した後、私はこの申し入れを受けることにした。身体検査を受けて合格し、将校のハンドブックを買い、軍人らしい態度を身につけ、現役勤務に備えた。しかしながら私が軍服を着る前に、専門家部隊は廃止された。

そして、まるでこれだけでは不十分かのごとく、もうひとつの障壁にぶつかった。同じ専門分野の民間の評価チームがワシントンから研修センターにやってきて、私たちの訓練手順や成果を調査し、信号教育学科の記録を初期のクラスから調べ、そして私たちのメソッドが優れているとする根拠は疑わしいと結論づけたのである。それでも彼らは私の努力と熱意を正当に評価し、私の愛国心を褒めたたえ、また軍関係者とうまく付き合える私の能力には一目を置いた。彼らは、このような限られた実践的な場面で一級の研究を行うことの難しさを理解していた。通信部隊によってカントリークラブ（社交のための施設）で豪華な昼食会が催され、その後、彼らは帰って行った。多くの好意あふれる言葉と、将来の種々の研究計画と将来の研究目的に関する多くの提案を残して。私とアシスタント[注10]たちは９月の授業の準備をするために荷造りして大学に戻った。

専門家を納得させられなかったことがしばらくの間私を苦しめた。手伝ってくれた下士官たちは、夏の暑さと戦いながらぎゅうぎゅう詰めの仮の兵舎で、間に合わせの装置を用い、この方法に不慣れな人たちと共に働いたにもかかわらず、実に満足そうであった。訓練将校らと幹部は新しい方法に転向していた。私たちが受け持った兵役学生の転任率はかなり低下したと報告されていたし、彼らが「信号神経症」を訴えに従軍牧師や医師のところに行く頻度も低下した。にもかかわらず、さらなる研究と発展に対する支援は保留になった。おそらく、１分間５語の信号受信速度をクリアするという訓練生への要求に対して、私たちが自分たちの方法の優位性を明確に提示することができなかったためである。訓練生たちは悪条件下で取り組みながら、少なくとも前任者たちに劣らずうまくやっていたという事実は、まったく査定には考慮されなかった。

しかしながら翌年、このメソッドを使って他の研究を進める機会を得た。通信隊[注11]の奨励で民間の信号研究グループが認可され、私はそのリーダーとして依頼を受けた。数日考えた後、私は大学から休暇をもらってシカゴとメンフィスでオリエンテーションに参加し、そしてミズーリ州のキャンプ（現フォート）クラウダーにある信号通信隊補充員訓練所に落ち着いた。

この冒険談は他で公開されているので[注12]、ここではそれを引用することにしよう。私たちが実施したごく初期の研究の中ですでに信号ー音声法の価値が確立されたのだという事実は、私にとって非常にうれしいことである。その方法が全面的に承認され、基本信号の教育における方法の定番になるまでに乗り越えるべき障害はあったものの、最終的には達成されたのである。

おおむね私たちのプロジェクトは成功した。私たちの存在は認められ、データは尊重され、やってきたことは訓練システムに組み込まれることとなった。私たちはいっそう家族のような一体感を感じるようになった。キャンプ自体がどんどん大学のような様相を帯びてきた。指揮官が学長で、准将と大佐が副学長と学部長だった。もし軍服や軍の規律、どうしようもなくつらい早朝の起床がなく、わずかな草木やツタがあったとしたら、私たちは自分の居場所を勘違いしただろう。

もちろん相違点はあった。キャンプは限られた目的のための大学であり、教育や研究には説明責任の重荷があった。その目的は「人間の行動」という観点から定義され、優秀さの評価は「生き残ること」という形で表された。学生は主に徴兵された者であり、最も必要性の高い分野を専攻していた。これらのコースでは成績がＡでなければ他の部門や機関に異動させられた。戦闘通信部隊にはＣ評価の学生の居場所はなかったのである。

特に異なっていたのは教育システムであった。教授と講師役である大尉と中尉はほとんど講義をしなかった。彼らの役割は、上層部からの命令の下、監督し、計画し、士気を鼓舞することであった。指導、説明、デモンストレーション、試験、評価等の仕事を行うのは下士官、軍曹あるいは伍長、時には一等兵であった。彼らはたいていこの訓練校の初期のクラスの修了者、また現役任務からの帰還者で、訓練者のニーズや問題を熟知していた。彼らは個々に注意を向け、即時強化を行い、コースによっては職務の利点を活かして、これはという学生を次のステップに上がれるようにした。

もちろんここは、実際には大学教育とはほぼ無関係の場所だったが……。[注13]

第７章
心理学１および２の改定

大学の入門コースはどんな学科でも、教師にとってしばしば大きな不満の種になる。例えば心理学概論のように、学問の全分野を概観するかのように装う場合は特にそうである。教師は、講義で取り上げるべきトピックの一部にしか興味はなく、その他の分野についてはほとんど知識を持ち合わせていない。関心のある専門分野については過剰なほどの知識を持っており、それを必要以上に詳細に扱う傾向がある。

この問題のひとつの対処法は、チームアプローチである。Ｘ教授がある部分を担当し、Ｙ教授が他の部分を、そしてＺ教授が残りを講義する、といった方法を取る。つまりそれぞれの教授が自身の専門分野を講義し、他の分野の講義の際は引き下がるのである。

従軍のために大学を休職する前、同僚であり親友であるジョン・フォルクマンと、そのようなチームを作って講義をしたことがある。彼は神経系統、感覚、その他２、３の分野を担当し、私は主に学習と動機づけを担当した。適切に役割分担を行ったはずだった。しかし、２人ともお互いに十分な成果をあげたと感じることができなかった。

大学に復職する日が近づいたので、私は入門コースの講義形式と内容を考え始めた。大学から離れていたことで、自分に欠けていた大局的なものの見方ができるようになっていた。今思うと必ずしも十分ではなかったであろうが、少なくとも正しい方向に向かっていた。私は、大学院でレバーを押すラットの行動から学んだことを生かせるような、別の講義の仕方を考え始めた。

私たちの教授法に関連する、２つの改善策を思いついた。ひとつは、（当時１年生は入門コースに該当しなかったので）２年生に対して、それ以前は大学院レベルでしか履修できなかった人間と動物の行動の体系的な研究を紹介することであった。断片的な事実や理論のごった煮を提供する代わりに、私たちは、実験科学に基づきかつ研究に有効で、即時応用可能な、ひとつの明確なイメージを提供しようと考えた。私たちが学生の質問にすべて答えられるわけではないが、彼らを混乱させることなく、私たちが犯したミスを是正しようと考えたのである。採用したのは行動主義的見地である。ワトソンの行動主義ではなく、ハーバード大学で同級生だったスキナーが提唱した考え方であった（第10章ではこの主義についてさらに詳しく述べる)。

私が考えた２つ目の変更は、同様に重要なものであった。それは教授方法の変更を求めるものであった。行動原理についてただ語るのではなく、実際の行動の中で、これらの原理を学生に示した。私たちが語ってきた法則の作用を、学生が自分自身で発見できるような一連の実験を行って講義を補足するのである。

私たちのコースでのこのような変更について考えれば考えるほどうまくいきそうに感じられ、教育現場に復帰することがますます楽しみになった。しかし、考慮すべき実務的な問題があった。コースのパートナーであるジョン・フォルクマンの協力を得なければならなかったし、大学の学部長[注14]、授業委員会、学科長[注15]の承認を得なければならなかった。また、実験用のスペースも確保する必要があった。さらにコース用の実験装置を購入、または製作しなければならなかった。

私はジョンに手紙を書いた。コースの概要を伝え、賛成と協力を求めた。彼はすぐに、このプロジェクトが成功しそうにない理由を少なくとも10個、丁寧に列記してくれた。それでもなお私に継続の意思があるなら喜んで参加すると言ってくれた。振り返ると、ジョンが異議はあるものの参加を快諾してくれたのは、これまでに製作されたものとはまったく違った学部の実験室と器具を設計することに対する大きな期待からであったと思われる。その後の数カ月間の彼の取り組みがそれを証明していた。そうすることで彼は、神経系や感覚などに関する講義で、おそらくより高い満足感を得ることができたのだろうと私は確信している。

大学に復帰して1年以内に、私とジョンは数名の大学院生と助手と共に、授業に着手する準備をほぼ終えた。2名の実験助手[注16]が指名され、授業のための読本はすでに執筆または選択されていた。実験室が私たちに割り当てられ、間仕切りで作った小部屋が数室、壁に沿って作られた。実験器具はほぼ、使用できる状態にされた。実験用のラットも購入され、内箱の中に飼われていた（外箱はまだ準備できていなかったが不必要であることがわかった）。学生とラットの最初のコンタクトを私たちは心待ちにしていた。

ところが突然、学期が始まる前にジョンが好条件のポストを得て大学を去ることになった。[注17] 私は、120人の学生（当初の予定は60名だった）と2人の大学院生アシスタントを擁するクラスをひとりで担当するという大仕事に直面することとなった。私はあわてて、同僚の中から助っ人を探した。

来てくれた代理スタッフは、正に求めていた人材だった。ウィリアム・ナット・ショーエンフェルド[注18]は、私たちの計画とその基本システムに共感してくれていた。彼は以前、大学でモールス信号の研究を共にした仲間であったのだが、何よりも良かったのは、このプロジェクト参加に前向きであったということだ。数日以内に予定通りの開始準備ができた。

このような波乱に富んだ日々を思い返すと、何が私たちをこのプロジェクトに駆り立てていたのだろうと不思議に感じる。私たちは、自分たちの理論的根拠となる行動システムの概要しか持っていなかった。テキストの骨子しかなく、学生に謄写版の資料を用意しなければならなかった。新しい実験器具を試したことはなかったし、このようなオープンな実験空間でラットの訓練をしたことはなかった。これから教えるクラスから好ましい反応を得られる保証もなかった。学部の誰からも支援はほとんどなく、他の学部からは皆無であった。私たちが所持していたものは、体系的な視点に関するわずかな知識と、新しい実験技術についての多少の経験、そしてその両方を学生に教える能力に対する単純な自信だけであった。後に学部長が指摘するように、首を吊るのに十分なロープも与えられていた。

クローズアップ

説明は終わった。講義では、エピキュラス、ハーバート・スペンサー、アレクサンダー・ベイン、そしてジェレミー・ベンサムについて、またロイド・モーガン、E.L.ソーンダイク、B.F.スキナーについても語られた。**オペラント条件づけ**も黒板に図示され、説明された。日々の実験手続きに関しては、段階的にその概要が伝えられた。

学生たちは自分の椅子を持って、実験の説明が行われる場所から間仕切りで囲まれた壁際の個室に静かに移動した。合計15部屋の個室はそれぞれ２人１組であてがわれた。カイモグラフのドラムに記録紙がセットされ、鉛筆が取り付けられ、それぞれのラットの反応の累積記録を取るために、その記録紙に座標が描かれた。ペアになった学生は、給餌システム、タイマー、そしてラットが押すレバーの動作確認を行った。

２人のアシスタントと２人のインストラクターは各個室を回って、学生が実験を開始する準備ができているかチェックした。すべての準備が整った時、部屋の天井の灯りが消された。個室の灯りはメモを取れる位置に動かされ、その他は仄暗くなった。ペアのひとりがそのペアの実験対象に選ばれたラットをビバリウムに取りに行った。

ラットを取りに行った全員が戻り、個室のテーブルに静かに彼らの対象（ラット）を置き、実験室が静まりかえった時点で、実験開始の準備が整った。インストラクターは、背後の壁に掛かった夜光塗料で光る時計の秒針を目で追い、真上の12を指した時に「始め！」と声を上げた。それぞれの薄暗い個室でタイマーのスイッチが押された。レバーがラットの箱のH形状のスロットに静かに差し込まれ、給餌装置が繋がれ、記録ドラムが回り始めた。そこからは、ラットがレバーを押すたびに小さな食物片がレバーの下の小型トレーに出るようになっていた。同時に、反応には明確に聞き取れるクリック音が伴われ、反応記録装置が作動するようにもなっていた。

数秒、もしくは1分経ったかもしれないが、反応によって生じるはずのクリック音は聞こえてこなかった。ラットたちは空腹であっても、恐怖のあまり箱の中を探索したりレバーを操作したりすることができないのだろうか？　バーは少しの重みでも押せるはずである。実験は失敗か？　インストラクターとアシスタント、そして学生は暗く静まり返った部屋の中で固唾をのんで待ち構えた。

突然ドアの近くの個室でクリック音が聞こえた。数秒後、近くの別の個室からクリック音と学生の押し殺した感嘆の声が聞こえた。矢継ぎ早にさらに2、3の反応が続いた。まるでポップコーンがはじけるように、四方八方からたくさんのクリック音が一気に鳴り始めた。5分以内には部屋のラットの半数以上が一定の速いスピードを保ちながらレバーを押し、餌を食べていた。食べるのを止めたのは、レバー横の管から水を飲む時だけであった。1、2匹の過敏な個体を除くすべてのラットが、実験時間内に課題を達成した。

第8章
テーマの拡大

前章で述べたコースは学生に好評だった。私たちが提供した動物実験室と体系的なオリエンテーションが気に入られたようであった。学生たちが取り組んだそれぞれの実験は先に行われた実験を土台としており、体系の基本概念に密接に結びついたものであった。前期（１学期）の実験は、実験室のラットとその行動の基本法則に焦点を絞ったものであった（これについては第10章に記載する）。後期（２学期）は、日常の行動に動物と類似点が多い人間に関するテーマと実験を取り入れた。動物の反応と自分たち人間の反応の関連性を否定した学生は、ほとんどいなかった。

特に熱心だったのは自然科学専攻の学生だったが、熱心なのは彼らだけではなかった。このコースを実施して２年目が終了する頃には、施設に過重な負担がかかるようになっていた。学生とアシスタントの数は２倍以上になったので、実験室を別に確保し、受講者数に制限を設けなければならなくなった。教室は週２回の授業をするためにもはや十分な広さはなく、次の学期はどの大教室を使うことになるのか見当がつかなかった。大学の講堂や劇場さえも頭をよぎった。

副学部長[注19]から、私たちのコースを理系のコースとして単位を認めてもらうよう教務委員会に頼んでみてはどうかと助言を受けた。私たちは渋々従った。その時以来、学生の一部はこのコースを受けたいから受けるのではなく、他のどのコースも受講したくないから受講するのだ、との感覚から逃れることができなくなった。

印象深かったのは、大学院生アシスタントからの好意的な反応であった。彼らもまた授業の手伝いをしながら、実験室やシステムについて学んでいた。完了した実験や次の実験について話し合う週１回のミーティングで、彼らは学生や実験手続き、ラット、システムに関して私たちが気づいていなかった多くの情報を教えてくれた。彼らの貢献は素晴らしく、実験室が使用されていない夕暮れ時には、予備実験や独自の直観に基づいた実験をしている姿がよく見かけられた。研究は得てして、このような探索から花開くものである。

前に述べたように、大学上層部の反応は最初から好意的であった。これは学部内や他の学部の同僚にも当てはまったが、決して全員ではなかった。時折、私たちのコースが原因で学生数が減ってしまった教科の教員から苦情が呈された。さらに、授業で使用するラットの臭いを不快に感じていた教員、また彼らが読んできた一般的読み物や学生時代に興味を持っていた事項を私たちが無視していると感じていた教員、また一般的に受け入れられていない異質な理論を学生たちに吹き込んでいると感じていた教員（あながち的外れというわけではないが）、そしてついには、授業を楽しんでいるように見える自分以外の教員をただうさん臭く思うだけの教員からも、苦情が呈された。

後述するいくつかのことを除けば、この時が私の教師としての最も幸せな年月であった。コースのテキストはナット・ショーエンフェルドと協力して作成した。アシスタントとの実験や議論は楽しいものであった。私自身の研究にも少し時間を割くことができた。そして何より、私の講義への負荷はかつてないほど軽減されていた。

＊＊＊＊＊

私たちが担当する入門コースの各主要分野は、大学のより高度な授業への基礎を自然と固める役割を果たしていた。そのことに私たちはまもなく気づき、一連の授業の中に取り入れることとなった。その結果、新しいカリキュラム開発を推し進めることとなったが、それは２つの側面においてユニークであった。まず、上位レベルのコースのほとんどが、入門コースの中にある特定のコース内容に基づいており、基本的にはそれを発展させた内容であったことだ――それは、まだ若い新しい科学の分野では異例のことであった。もう一点は、上級のゼミと１、２の授業を除いて各授業には、そのコース内容に関連する実験学習があったことだ。

上級のゼミでは、学生たちが意義深い比較に対して判断基準を持つようになるまで先送りしてきた種々の問題が持ち上がる一方で、私たち以外の学派の考え方を扱う機会も与えられた。実験室での学習は、学生たち全員にラットもしくは人間を対象としたちょっとした研究の機会を与えた。学生たちは単独もしくはグループで、そして講師やアシスタントから綿密な指導を受けながら研究を進めた（社会心理学と異常心理学の分野においては実験のない授業もあった）。

こうして実施されたカリキュラムのおかげで、以前の10倍の学生が大学院に進学するようになり、専門分野の重点研究領域として私たちの分野を選択した学生の質は明らかに改善した。そして生物科学の一分野として、大学における私たちの地位は、おそらくではあるが高まった。

学部でのコースに加えて、そのうち大学院１年次でもコースを行うこととなった。これは他の教育施設にいて私たちの教育方針を学んだことのない学生たちに概要を説明するためであった。このコースはさらに多くの学生に行動分析学を理解させ、また興味を持たせるものとなった。１、２年以内には、このコースは大学院課程の履修科目として定着していた。

その後まもなく、博士課程志望者が複数名現れた。その学位論文の主題は、私たちのコース内容に端を発するものであった。何人かは前述した大学院課程の修了生であり、何人かは実験室のアシスタントであり、他には入門コースを学部２年生のときに受講し、そのときの学習がきっかけになっている学生もいた。彼ら全員が力を注いでくれたおかげで、この動きは学内にとどまらず、学界全体において年ごとに勢いを増していった。

第９章
またもや失敗者

ここまで読んで、次の２つの結論のうちどちらかに行きついた読者がいたとしたら残念だ。（１）私は成功した教師である、（２）私は成功した教師だと自分で思っていた。どちらの結論も正しくないし根拠もない。私の教授法には良い要素もあったのは確かであり（私個人の意見だが）、私の指導が他の授業よりも良かったものもあった。しかし、全体的に見れば私は教師としては落第であり、私はそれをわかっていた。

失敗を示すものはいくつかあった。それは時には学生の行為の中に見ることができた。例えばオフィスのドアの外から聞こえてくる学生たちの言葉、授業を欠席するときの見え透いた言い訳、授業中の学生の意見や質問には侮辱と取られても仕方がないものもあり、休講の発表の際のあからさまな歓声、テストの発表時の苦痛のどよめきなどに見て取れた。金曜日の到来は全員をどれほどホッとさせたことか！

しかしながらそれはとりわけ、クラス内の成績分布に示されていた。それはベル型分布という従来からの「証拠」であった。私の教え子たちは学力的にはほぼ大差がなく、最も高いIQグループから選出されていた。しかし学期が進んで年月が経っても、成績分布の割合には変化が見られなかった。学生のほぼ10パーセントがＡを取り、同じ割合の学生がＦつまり落第点を取った。そして残りの学生は主にＣで、Ｂマイナスもいた。毎年学生たちは、私の授業に十分な準備をし、高い知能とやる気を持って入ってきた。しかし毎年Ａ、Ｂ、Ｃ、ＤそしてＦはほぼ同じ割合になってしまうのであった。

教育ゲームのルールがこのような結果を招いたのだろうか？　学生の質が向上するのに従い、私たちが難易度を上げてしまったからだろうか？　私たちが以前基準としていたものより、細部に目が行ってしまったのだろうか？　1955年のＣは1945年のＣと同じ達成度に対して与えられたのだろうか？　Ａという成績の意味は明解であろう。これは単純に、教えようとしたことを学生が理解したということだ。しかしＢやそれ以外の成績の意味は？　このアルファベットは何を表すのであろうか？

学生たちはしばしば、私たちが「ベルカーブになるように成績をつけている」と言った。成績のABCとは関係なく、ベル型に割り振っているというのである。教師たちは時折、その分布は人生における避け難い現実だと答えた。つまり教師の責任ではなく自然の摂理のせいだとした。また時には、事務局や学部長からそうするように要求されているからと、学校運営側の責任とした。そして教師は得てして自分たちの評価は「絶対」だという立場を固守した。つまり、もし全員がＡのレベルに達しているなら全員がＡを取れたということである。

これが本当なのか私にはわからなかった。しかし、学生が試験の結果を知った直後に彼らとクラスで顔を合わせることがつらかった。試験期間中は学生を見たくなかった。議論や、寛大な処置を求める懇願、言い訳を聞かされるのが嫌だった。そういう時、私はなぜか学生を失望させてしまっていると感じた。落伍者は学生ではなく、私であると感じた。あるいは、おそらく「システム」に問題があったのかもしれない。

同時にそういう時、私は多くの学生が学校を嫌いな理由やあまり勉強をしない理由、卒業生になるとめったにクラスや教員を訪問しない理由に気づき始めてもいた。このような機会に出くわすたびに私は逃げ出したくなった。

大学での26年間の教職人生において、私は決して安心感を抱いたことはなかった。しかしこの感情の発端がすべて大学の授業にあるとは思っていなかった。私がこの物語の最初に触れたように、この問題は私のひどい初期の教育に一部起因していた。かつて私が短期間、入試選考委員として大学に勤務したとき、入学希望者の数多くの願書を読んだことがある。私自身の教育レベルより低いと思われる志願者はひとりもいなかった。大学に入学できるレベルに達する前でさえである。もちろん彼らは、高校や中学時代の「上位10パーセント」から出願してきた学生たちであることはわかっていたが、だからといってそれは何の助けにもならなかった。その後、何日も気分がふさいだ。来たるべき学期に、このような秀才たちが私を教師として選ぶことになったら、どうすればいいのだろう。

私は教授会で、あるいは教室との往来や学位記授与式で同僚の様子を見るにつけ、どうすれば彼らのようになれるのかと常に思っていた。彼らの業績の報告書や著書、受けた賞、高い役職、そして授けられた数々の名誉を目にするたびに、私が取るに足らない存在であることを恥じて、赤面しそうであった。さまざまな委員会や博士認定試験、教授会での学部長や学長を前にしての彼らの発言を聞くとき、その思考の明確さや表現の豊かさ、博識ぶり、さらにたやすく自分の立場を説明し攻撃をかわすさまにただ感嘆させられた。彼らの前で、簡単な質問でさえ恐れずに発言できるようになるのには、何年もかかった。

自分を部外者のように感じさせたのは、私の教育の欠如や同僚の卓越性、あるいは教員としての弱点のせいばかりではなかった。私自身が何とかしなければならない性格上の問題があった。私には見識の狭さや疑問点をあらゆる角度から検証する能力が欠けており、また徹底した準備をせず行動を起こす傾向があった。これに加えて、着手したどのプロジェクトに対してもやみくもに突っ走った。その上、公開討論に参加することに、強い嫌悪感を持っていた。この性質は、科学者あるいは学者は言うまでもなく、教授としてふさわしいものではなかった。むしろほとんど、狂信者や興行師、あるいは布教者のものであった。同僚たちはそれを見て取っていたのだろう。それで多くのことが腑に落ちる。例えば、フットボールで痛めた足を引きずり歩いて来た白髪交じりの工学部の教員が、学部の食堂で友人と昼食中の私のテーブルのそばに立ち止まってこう言ったことも。「大学教授のくせに、浮かれやがって！」

第10章
変化の根拠

この章では、これまでのコースで我々が学生たちに教え、そしてここまで多くのページを割いて記述してきた理論について考えたいと思う。私はそれを強化理論と呼んでいるが、他の名称もある（**オペラント条件づけ**という名称があるが、非常に狭義の名称である。これとは別に、**徹底的行動主義**という近づき難いものもある。関連する研究活動は、一般的に**行動分析学**と呼ばれている）。この理論は、箱に入れた実験用ラットを用いた実験結果から私の大学院時代の友人が最初に構築した行動体系である。

ここで私が言う「理論」あるいは「体系」は、行動に関する事実と原則の集積であり、私たちが自分自身や自分の行動について考えるのに役立つような形で体系化されたものである。人間の行為に対する一貫した理解を深め、できることなら人の状況をより良いものしたいという目的のもとに。ここで言う理論とは、何かを証明したりテストしたりするものではなく、この複雑な社会の中で私たち自身を正しい方向へ導くために活用できるものを意味する。

読者も気づいたと思うが、強化理論は、私がそれを理解し始めた1938年から私の考え方に強い影響を及ぼしてきた。その後すぐ、その体系を拡大できそうな実験に取り組み、それを私の教え子たちに教え始めた。すでに第５章と第６章で述べたように、その後私はこのシステムを無線通信のトレーニングとして活用した。それは、心理学１および２のコース、またその後の上級のコースでも試みたシステムでもあった（第７章、第８章参照）。私の知的生活（そう呼べるなら）は、この理論体系について最初に書かれた本を読んだ時に始まった。それは、今日では行動科学の分野の古典となっているスキナーの『***The Behavior of***

Organisms』である。

強化理論について完全に説明するには、**条件づけ**、**消去**、**般化**、**弁別**、**連鎖**、**弱化（罰）**、そしてもちろん**強化（提示型強化〔正の強化〕**、**除去型強化〔負の強化〕**、**一次性強化**、**二次性強化**、**間欠強化**）について網羅しなければならない。トピックとサブトピックは概要の紹介だけでもそれぞれ１章を必要とする。それをここでは扱うことはできないが、この理論体系の産物であるいくつかの法則をリストアップし、後ほど本書で報告する活動や記述内容を読者が十分理解できるよう手助けすることはできる。

1．単純な繰り返しからは実質的なことは何も学習することができない。自発的な行為は強化することができる――習慣が形成され、物事が学習される――なぜならその行為の**結果**により、何かを得たり、何かを除去したりすることで、その行為が強化されるからである。
2．よって、行為は、それが強化される前に生起しなければならない。いわゆる「反応」は強化される前に**自発**されなければならない。私たちは何かを**行う**ことで学習するのであるが、その行為は何らかの**結果を生む**ものでなければならない。
3．遅延された結果より、良くも悪くも**即時**に現れる結果の方が行動変容により効果的である。「待つ」という一連の反応が確立されている場合を除けば、強化がたとえ１秒でも遅れると、学習速度は低下してしまうのである。
4．「悪いもの」を除去することは「良いもの」を得ることに比べて行動変容に対する効果は低い。報酬を得ながら学習することは、痛みからの逃避や回避よりも容易でより的確であり、また有害な副作用も少ない。
5．「間違った」行動に対して罰を与えると、その行動はその後しばらくは弱まり、「正しい」行動を強める道を開くかもしれない。しかしそれはまた、攻撃的な行動を誘発したり、罰が与えられるような状況を回避させることに繋がりかねない。

6. 複雑な反応レパートリーは、段階的な学習によって確立される。学習者は望ましい方向にわずかでも近づいた反応に対して与えられる報酬があることで、ある状況もしくはある行動形態から他の状況や行動形態へ少しずつ進歩していく。「シェイピング」は最も一般的にこの手続きに適用されている用語である。

強化理論とその基本原理についてはこれくらいにする。この理論は、私の同僚によるラットのレバー押し実験で初めて私が知り、その後何年もかけて何千もの研究が行われてきたものである。その理論体系の現実場面への応用は、第二次世界大戦中にある軍事的な場面において始まり、その後、個人や団体のほぼあらゆる職業にまで広がり、いまだその終わりは見えない。

第11章
プログラム学習

30年ほど前、強化理論の創始者である友人のスキナーは、ちょっとした危機、すなわち当時小学生であった娘のつらい経験に直面した。娘が涙声で語ったことから、彼は自分の娘が算数がわからなくて困っていることを知った。スキナーは優しくて愛情深い父親であったので娘の宿題を手伝おうとした。しかし、あまりうまくいかなかった。そこで彼は娘の学校へ行って先生と話をし、実際に行われている教え方を観察することにした。翌日、娘は嫌がったが、娘と一緒に学校へ行った。スキナーは、そこで気づいたことにいくつかの点で不安を覚えた。

最初に彼が気づいたのは、クラスの子どもたちは嫌なこと――例えば先生の不機嫌、他の生徒たちからの非難や嘲笑、競争に負けること、低い点数、校長室で怒られることなど――を何よりもまず避けるように行動していることだった。

次に彼が気づいたのは、正しい行動への強化が著しく遅れることであった。反応から報酬までに概して長い時間が経過しており、その間の時間を埋める“待つ”という行動は確立されていなかった。

さらに彼は、算数の課題のシンプルな導入から高度で複雑なレベルへ移行するステップが大きすぎることに気づいた。反応の大きな区分が強化の対象とされていたのだ。おそらく教師はあまりにも忙しくて、その大きな区分を構成する細部にまで目を向けられなかったのだろう。

最後に、スキナーが何よりも失望したのは、強化の全般的な欠如が、学習環境全体を通じて見られたことであった。予想される進歩の総量から言うと、大まかに見積もって、子どもたちへの強化は、本来強化されるべき行動の10%にも満たないと彼は確信した。

スキナーがこの時に先生に話しかけ、教え方を指導し、皆の感涙を後に立ち去ったと報告できればよかった。しかし実際にはそのようなことは何ひとつせず、またスキナーの娘がその後、専門的なレベルまで数学をマスターしたかどうかも私は知らない。スキナーが立ち去った時、教師も生徒もため息を漏らしたのではないかと思う。

しかしながら、彼は父親としてそこで立ち止まることはなかった。将来泣く子どもたちを減らすため、実験室での法則をこの教室に効果的に適用させる方法を考え始めた。スキナーはその後の問題の分析から、新しい方法、すなわち**プログラム学習**と２つの関連した新しい装置（**ティーチングマシン**と**プログラム学習用テキスト**）にたどり着いた。この組み合わせは、教育学の世界に改革の種を蒔くこととなった。

小学校から高校そして時には大学を通じた教育の分野で、プログラム学習は今日ではよく知られている方法である。さらには、ビジネスや、工業や、軍の訓練にも共通して使える。その基本的な特徴は多くの出版物でよく紹介されているが、後の章で取り上げる幾分似通った別の方法を読者が理解しやすいように、準備としてここに要約しておこう。

1．指導すべき主題は、その重要な用語と事実、概念、例、法則の小さな項目に細分化される。
2．これらの細分化された項目は、学生が順を追って、たやすく、ゼロから一定の知識レベルに至るまで発達の自然な順序に従って学べるように構成されている。
3．項目は「枠組み」の中に一度にひとつずつ適切な順序で学生に提示される。その枠内においては、あるときには記述された文から単語が省かれたり、質問に対する答えの選択肢が与えられたり、また、数式を完成させる必要がある場合もある。提示の仕方は本でもよいし、ティーチング用装置の窓枠やコンピューターを使ってもよい。
4．学生は空所補充をしたり、適切と思われるものを選択したり、また数式を完成させたりすることで、枠内にある問題に明確に反応することになる。この明らかな反応が、プログラムの作成者にとってプログラムの改善に必要な記録になるのである。

5．即時フィードバックが学生に与えられる。それにより、どのような反応に対してもそれが正解か不正解かが即時にわかる。この情報は、レバーを押す実験でラットに提示される餌のペレット、あるいは、第５章で記述したモールス信号の訓練における信号の符号名の通知に相当するものである。

6．学生は自分のペースで取り組むことができる。自分の教育歴や能力、あるいは他の関連した要因に適した進度で学習することができる。他の学生によって急がせられたり遅らされたりしない。

スキナーは、同僚のジェームス・ホーランドの助けを借りて、この問題の分析に沿ったティーチングマシンを設計し、初心者に強化理論の基本原理を教えるプログラムを作成した。[注20] さらに彼らは同様の題材のために、プログラム学習用のテキストを準備した。

このティーチングマシンは、単元から次の単元へ学生がスムーズに学んでいけるようになっていた。各項目を窓枠内に提示し、学生が要求された問題に答えると、即時に正解・不正解を伝えて次の項目を提示するよう作動できた。テキストにも同じ一連の項目が記載されていたが、正解だったかどうかはページをめくるだけで確認でき、そして次の項目へ進むことができた。すでに記述したように、各項目に対する学生の反応の確認は、強化子として機能するように意図されていた。ただし、問題が機械的に答えられるほど簡単な場合や、正答をまったく出せないほど難しい場合は強化子が機能せず、プログラムは退屈なものにも苛立たしいものにもなり得る。最高のテキストを作成する場合と同じように、最高のプログラムを作成するには相当の技術が必要となる。

初めてこの説明を読んだとき、私は興奮した。グループではなく**個別に**教えるという考え方は、少なくとも私の問題に対する部分的な回答であるように思えた。そこで私は、教師がしばしば行うことをやってみた。すなわち、この技術あるいは科学の詳細について４年生に知らせるためのセミナーを開いた。

私たち（すなわち私の教え子たち）は協力して、この分野のすべての文献とプログラムを可能な限り探し、検討した。マシンを販売し始めていた商社を訪れ、各々、小さなトピックについてのプログラムを作成した。私はあちこちで、新しい取り組みを説明するために講義を行った。一度テレビにも出演した。１、２年のうちに私は出版社のコンサルタントになり、その頃にはいっぱしの専門家になっていた！　その時の教え子や以前の教え子の何人かは完全に学術分野を離れ、販売を目的とした学習プログラムの作成やそのノウハウを教えることに携わった。

私自身は決してプログラムを書こうとはしなかった。その仕事はあまりに細部にわたり要求の厳しいものであった。失敗して赤恥をかきたくもなかった。この主題の講義を行ったり、学会などでパネリストを務めたりするなど、この分野の推進者や権威者として振る舞うほうが楽だった。残念ながら、この問題に関する私の考え方は、テキストやマシンを超えて個別教授のより広い範囲へと広がることはなかった。

第12章
副業、通信、あるひとつの旅

この国の大学の教師が高報酬を得ることはめったにない。これは彼らが与えることのできる影響力という観点からみれば妥当であるかもしれないが、住まねばならない地域にふさわしい生活水準を保とうとするなら、追加の業務、すなわち副業をしなければならないということである。私は長年にわたり、収入を補うためにさまざまなことをした。

最初の職場（コルゲート大学）では、1930年代、年収2,400ドルで指導教員として勤務した。１年生と個別面談を行い趣味や関心事について話をした上で、保護者に対し、この大学は学生に真摯に対応していることをアピールした。さらに先に述べたように、週末には電信の仕事で収入を補うこともあった。おそらく無給でも私はその仕事を請け負っていたであろうが。

次に私は、コロンビア大学で教師として26年間勤務した。学部長の補佐としての仕事は医学部進学課程の学生に対して、医学部への準備の仕方、さらに合格するノウハウを指導することであった（この非常勤の業務の最中には、大学の入学事務局の多くの職員の奇行、偏見、ユーモアに遭遇した。楽しい内容だが話がそれるのでここでは割愛する）。また時には、大学の体育館で期末試験の監督を務めることもあり、未来のリーダーたちが不正を行わないよう通路を巡回した。また他のほとんどの教師と同様、機会があればサマースクールでも教えた。

しかし何よりもまず、後に総合学習と呼ばれることになる大学公開講座で教えていた。たいていは誰もが疲れを感じる夕方に、やる気に満ちた学生と教師が集まる場所である。そこで私が教えた学生たちは平均的大学生よりも年齢層が上で、ほとんどが日中は働いていた。授業時間は通常の50分よりも長かった。学生を眠らせないために授業内容を基礎的なものにスリム化し、絶頂期のコメニウスを真似なければならなかった。私の最高の授業のいくつかは大学公開講座で演じられた。

毎回授業の最初に、ポイントとなる質問を黒板に書いた。その授業時間内に私が与えたそれら質問の答えは、学生に中間試験と期末試験の準備をさせるためのものであった。たびたび講義を中断して、そこまでの授業のまとめや難しい所をわかりやすく説明した。居眠りしたり、まごついたりしている学生を見かけたときは、講義に集中させるためいったん中断したり、そこまでの内容を繰り返し説明したりした。

学生の中には、外国人で英語力不足の者もいた。私はとりわけ彼らに注意を払い、慣用表現、難しい口語表現、理解しにくそうな説明などを避けるようにした。

私が気にかけていたひとりの学生はマイアティズ・ロドリゲス・ドゥ・プラドという細身の女子（男女共学の公開教育制度で履修）で、非常にシャイな、明らかなラテン出身の学生であった。しかし彼女の表情が頻繁に曇るのは、すべてが語学力の問題ではなかったのかもしれない。学期の半ば頃、彼女は怯えた表情で私の元に来て、大きな手術を受けるので学校を辞めると言った。私に「授業の手助けをさせてもらえた（正しくは、授業に参加させてもらえた)」ことにお礼を言ってくれた。彼女の主治医を少し知っているので、心配を和らげようと、その主治医が優れた医師であることを伝えた。これは1954年のことであったが、その後マイアティズに会うことはなかった。

1959年５月８日、ブラジルから手紙を受け取った。サンパウロのサンパウロ大学の哲学、科学、文学部長のパウロ・サワヤ博士の代理人からであった。その手紙は私に「時間があるとき」のうち最も早く都合のつくタイミングにサンパウロに来て、大学で実験心理学と比較心理学を担当してもらえないかとの内容であった。また手紙には私の「この分野における偉業」が書かれており、早急な返事を求めていた。手紙は28日前に郵送されたものであり、かつての教え子であるマイアティズ・ロドリゲス・ドゥ・プラドの署名があった。

あいまいな部分もあったがとりあえず返信し、訪問には興味があるが直接学部長から連絡を頂きたいこと、そして妨げになるかもしれないプロジェクトがあることも告げた。

６カ月後の12月30日、ロドリゲスから新たな紙が来た。私の履歴書を添えて学部長宛てに手紙を書いてもらいたいとの依頼であった。返事を書こうとしていたら学部長本人から電報が来て、それにはこう記されていた。「大学の心理学の教授として契約してもらえるか、生理学研究室までお知らせください」

私は電報を打ち返し、訪問に興味があること、さらに再度、詳細を知りたい旨を伝え、その後の手紙で、招待を受ける前に解決しなければならない問題があることをしたためた。

その頃にはこの冒険に対する熱意が湧いてきていた。すでに南アメリカの地図は頭に入っていた。サンパウロで教えたことがある学部の同僚（オット・クラインバーグ）に問い合わせもした。２、３部屋先のブラジルに詳しい人類学者（チャールズ・ワグリー）に自己紹介もした。また、肌が褐色の外国人を見かけるたびに、私たちの間に何か文化的関係があるかのように観察し始めていた。

言語の障害を取り払うために"*O meu nome é João Brown*（私の名前はジョー・ブラウンです）"という自己紹介から始まる蓄音機のレコードを購入した。この話者をブラジル人だと思い込んでいた。まもなく私の強い訛りが家族を悩ませることになった。しかしそれが長く続くことはなかった。学部長からの素晴らしい申し出を受け入れるなら私の聞き苦しいアメリカ英語風の発音を正さねばならず、ポルトガル語の講座を受講することに決めたからである。

アメリカで最大の都市でも、素晴らしい南の近隣国の8,000万人が使う言語を勉強できるコースはなかなか見つからなかった。私にとって高すぎて手が出ないベルリッツを除いては。

最終的に、コロンビア大学でもうひとり受講生が登録すれば開講できるサマースクールのコースを見つけた。これは、普通なら授業料は免除される立場の私が支払わなければならないことを意味していたが、他に選択肢はなかった。やるか、諦めるかであった。

外国人学生のための英語の教員、ポルトガルに行く予定の新人人類学者、以前リオに行って再訪をもくろむ女子と席を並べ、6週間のコースを取った。クラスの教師はリスボン出身のエンジニアで、彼のポルトガル語は私が訪れるブラジルのそれとは少し違うものであった。それでも、ブラジル人の著者が書いたテキストを使い、ブラジル人の発音を発音記号で勉強した。選り抜きの少人数クラスだったので「相対評価」では成績をつけられず、私も他の受講生も全員Aを取った。

そうこうするうちに学部長からの手紙がついに届いた。シンポジウムでチリに行っていたそうだ。私が「調整がついて」サンパウロに行けると聞いて「実にうれしい」とのことだった。私は実験心理学の教授を務めることになるが、学部長は心理学全般への協力も望んでいた。手紙には、私の大まかな職務内容と履歴書の送付依頼、また、着任時期は1960年の5月以降が望ましいと記載されていた。給与は月額68,000クルゼイロ。これはNYタイムズ紙に記載される為替レートで換算すると約337ドルであった。快適なアパート式住居とメイドが雇えるほどの給与であるが、収入を補うために、さらに学部長はワシントンのフルブライト委員会に支援を求める手紙を書いてくれた。

読者に安心してもらうために言わせていただくと、私はついに1961年度の就任依頼を受け入れた。フルブライト委員会の援助を志願し、受けることができた。予防接種とワクチン接種に耐え、私たちの家や家財道具は専門業者に委託し、ブラジルのジャングルでもリオデジャネイロの街角でも着られる衣類を購入した。大学から1年間の休職が認められた。

それから国務省において簡単な説明を受けた。その日ワシントンは急な吹雪に見舞われており、街は無防備な状態で、私たちは溶けた雪でぬかるんだ道を歩かなければならなかった。他の20、30名の人たちと共に所得税の支払い方の説明を受けた（私にはどうでもいいことなのだが)。つま先(訳者注:正しくは人差し指)でマレーシア人を指すのは失礼になるのでしないこと、また英語が通じにくい理由(*too, to, two* が同様の発音であるが、*bough, through, tough, though* は異なった発音)などの説明も受けた。チリとペルーの慣習に対する「カルチャーショック」の説明も受けた。しかし残念なことに、ブラジルについては語られなかった。

このように準備をしていき、ついに強化理論とその実用的応用法をサンパウロに持ち込む態勢が整った。1961年2月、リオのカーニバルの最終日に、バリグ航空の真夜中の便で、妻と私はニューヨークのアイドルワイルド空港(現ケネディ空港)からリオデジャネイロのガレアオに向けて飛び立った。書籍や書類、器材も一緒に着くはずだったが、実際はかなり遅れた。

本書は旅行記ではなく教師の話なので、本題に戻そう。9時間もの長いフライトのあと、ついにガレアオに到着した。税関を通る時は冬服を着ていたので2月の暑さで汗だくになった。リオのフルブライトの担当者がお膳立てした「方便」(奇跡と手品の間のようなもの)のおかげで、大使館待遇で重量超過の荷物を処理してもらった。

コパカバナのビーチで数日間の「オリエンテーション」の後、サンパウロに飛んだ。そこで学部長、秘書、ひとりの心理学者(キャロライナ・マーチュセリ・ボリ)[注21]が出迎えてくれた。私の目にはどの人もそれなりの肩書きに見えた。しかしその夜の夕食時にキャロライナが(親しくなってから)教えてくれたのは、学部長は前日に交代し、エクセルシオール・ホテルに着くまでの間後部座席に座っていた学部長の「秘書」であり著名な化学者が、新たな学部長に選任されたとのことであった。その後ブラジルを離れるまでには、さらに恥ずかしい数々の失敗を犯した。

私たちはサンパウロに1年近くいた。浮き沈みの多い1年であったが、多くの友人ができこの国を愛することができた。後々大いに役立つことを学んだ1年であったが、そもそもこのことの発端であったマイアティズ・ロドリゲス・ドゥ・プラドとは、その間会うこともなければ、連絡もなかった。

第13章
ブラジルでの教鞭

ブラジルの教育現場に慣れるまでに多少時間がかかった。いまだにすべて理解したわけではない。最初はいつから授業が始まるのかさえわからなかった。調べる要覧もなく、年間計画表もなかった。事務局からの学内報やガイドラインのようなものも一切なかった。サンパウロ大学にいた期間で、事務局側からの情報発信は６件もなかったと思う。助手のロドルフォ・アジ[注22]に、授業をいつから始めればよいかと尋ねると、それはたいした問題ではなく、大方は私次第であるような口ぶりだった。そして、ついに開始日が決定した。どのように伝達されたかはいまだに謎であるが、２回目の授業には、履修を希望していた学生はほぼ全員出席した。

クラスは３、４年生で、学生数は少なく、出席者は最大でも15名から20名であった。ほとんどの学生は20歳そこそこで、人種のルーツはさまざまであった。また、裕福な学生も苦学生も数名ずついた。学生は全員、少し英語を話すことができ、ほとんどが、読むことには堪能であった。一部の学生は数カ国語を操ったり、しっかりとした数学の基礎があったり、自分たち以外の文化を相当理解していたりした。「発展途上」国や「新興」国から来た学生は、それ以前から相当知的に成熟し、あるいは頭角を現していたように見えた。

私の教え子たちは寮に住んでおらず、おそらく休み時間に１杯のコーヒー（カフェジーニョ）を飲む以外は、普段はまとまって行動することはなかった。彼らはたいてい、住んでいる町から「大学都市」までバスで通学していたが、よく遅刻していた。30分の遅刻は珍しいことではなく、時には来ないこともあった。友人の結婚式、学生のストライキ、単に気乗りがしない、などが主な欠席理由であった。

初め私は憤慨して、「きつく叱りつけてやりたい」という衝動に駆られた。しかし、国務省での簡単な説明会のことを思い出し、毎回講義にポルトガル語の言葉をいくつか折り混ぜることにした。上品な「おはよう」という意味の「ボンディアス」という挨拶から始め、その後は毎日１、２文つけ加えていった。学期の終わりまでには、私は各講義の要約を前もって与えるようになっていた。それに加え、講義の終わりにロドルフォがその日の授業の要約を学生たちに伝えた。彼は話し上手であり、その話術は出席率に寄与してくれたのではないかと時々思う。ただし授業の主な情報源は教科書であった。

振り返ってみると、よりレベルの高い大学院を除き、私が指導していたレベルにおけるブラジルでの教鞭は、それまで私が教えていたものより「個人的」な関係を尊重していた。専攻分野を選択し入学を認められた学生たちは、後に心理学者になるにしても途中挫折するにしても、とにかく最後まで留まるつもりでいたように思われた。つまりどの学生も、学び、必要条件を満たすのに相応の努力をするのと引き換えに、個人指導と個人的な理解を忍耐強く節度を保って待ち望んでいたかのように思えた。彼らは全員、全力を尽くすという暗黙の宣言をして、私に自分の人生を預けたかのように思えたのだ。しかしその見返りとして彼らは、私から配慮、専門分野の指導、個人の長所を見いだしてもらうこと、あるいは先導を求めているように思えた。私はそこまで心の準備はしていなかったので当惑し、時には厄介にも感じたが、最終的には寛大に受け入れることにした。

私が担当していた２つのコースの内容や、学生全員が両方のクラスを受けていたこと、また定期的に予定されているミーティングの時間などを考慮して、私は開講している２つの授業を、午前の後半に統合することにした。昼食はよく学生たち数人と共にしていたが、昼食後すぐに、研究室でのミーティングを行った。出席者の大半は４年生の学生で、他には私の助手たち（マリア・アメリア・マトスが、授業が始まってまもなく２人目の助手になった）、そしてサンパウロ到着の日に妻と一緒に会った教授のキャロライナも出席した。

実験器具がなかったので、いくつかは自ら製作し、再びホワイトラットの力を借りようと決めた。学生と事務局の協力と生理学部（我々の本部）のスタッフの助けを借りて、ステンレス製の飼育ケージに木枠を取り付け、実験用の「箱」を作った。支点部分がスタンドで支えられているＶ字型の金属レバーを取付け、飼育ケージの中に突き出ているそのレバーの端を押し下げると、ケージの外側に出ているレバーの反対側の先端が四角いブリキ板に当たり、反応が生じたことを告げる音が鳴るようにした。記録には鉛筆やペン、方眼紙、秒針付きの時計などを用いた。水の入っているコップの中のマドラーを素早く取り出し、飼育ケージに挿入し、喉の乾いたラットに水の強化子を与えた。

このような装置と少しの練習で４年生の学生が研究を始め、観察を行い記録し、そして結論を導いた。ほぼ費用をかけることなく、彼らは私がこれまで教えてきたクラスの学生と同じように、研究に没頭して興味深い結論を出した。ブラジル人の学生、特に女子学生は、ホワイトラットを実験対象物とした作業などには参加しないだろうと以前言われたことがあった。それは間違っていたどころか、さらにその年、より洗練された装置が届いた時には、その小規模な研究に何人かの女子学生が参加してくれた。少々驚いたことであるが、実験科学の魅力といったものはもはや、男性や特定の文化圏に限定されないと感じた。学生に必要とされるのは、集積されたデータには意味があるということだけであり、すなわち、データはある体系に当てはまり、さらなる探究心を駆り立てるものでなければならないのだ。

サンパウロでの１年は、私の教育に大きな影響を残した。ある側面の重要性は高まり、別の側面は重要でなくなった。講義はテキストに押されて人気がなくなり、「クラス」という集団は個人という単体により存在価値を失った。私の時間感覚は大きく狂い、計画はカレンダー通りには立ち行かなくなった。私の固定観念は一部崩壊し、かつては教えることに対して絶対不可欠であると信じていた要項の中にも不必要なものがあることがわかった。私が言わんとしているのは、この１年が私にとっては最も勉強になった１年であり、学生にとっても決して無駄ではない１年であったということだ。

第14章
国際的収穫

「来年は医学を勉強しようと思っています」
授業が終わって私の部屋に来た女子学生が目を輝かせながら言った。
「どこで勉強するつもり？」
彼女の職業の選択を不思議に思って尋ねた。
「メディスン（医学）です」
彼女は答えた。
「それはわかったよ。でもどこで？」
「メディスンです」
彼女は繰り返した。
「ウイスコンシンのメディスン（マディソン）です」

結局のところ、彼女は学部生として４年間を費やそうと決めていたメディスンにもマディソンにも行かなかった。その代わり彼女はもうひとりのクラスメイトと共に、コロンビア大学の大学院の心理学コースに合格した。グループの３人目の教え子はインディアナ大学に合格した。この３人は今や博士号を持ち、２人は現在サンパウロ大学で教えている。

フルブライトの奨学金受給の年が終わろうとしていたとき、学部長（以前、秘書だと思い込んでいた人）から、彼に宛てて手紙を書くよう私に依頼があった。どのようにすれば実験心理学を、哲学・理学・文学部の中で強化できるかという点に関し、私の意見を求められたのである。私は長い手紙をしたため、それにロドルフォが手を入れ、練り上げてくれた。基本的に３つの提案をした。

1．数名の学生を厳選し、博士号取得のためにその専門分野の研究が進んでいる外国の大学、できればアメリカに留学させる。

2．サンパウロ大学（U.S.P.）に優れた外国人教授を数名、短期間招く。ブラジル人の学生の留学先の大学から招聘することが望ましい。

3．サンパウロ大学で長年勤務している教授陣に、客員教授の所属大学や、ブラジル人学生の留学先の大学に渡って研究または「息抜き」をする期間を与える。

上記の提案の１番目は一般的なものであるが、それだけでは十分とは言えない。博士号を取得して帰国した者の地元の教育システムにおける地位は低く、習得したばかりの知識や新しいスキルを発揮できる機会がほとんどない。サポートする団体もないため、彼らが受けた専門教育はその潜在的影響力をほぼ失ってしまうのである。

２番目の提案は１番目を補うものである。外国の客員教授は、新米博士のステータスを上げてくれるかもしれない。新米博士はその教授の指導を受けていたかもしれないし、また今ではその教授の通訳や案内役を務めているのだから。教授自身も自分の大学に入学したいブラジル人学生のことをより理解できるだろう。また彼らをよりよく評価でき、海外生活に慣れるための手助けもできるだろう。

教授の招聘を「短期間」と提案したのは、こちらが求める著名な人はおそらくキャリアの頂点にあって、長期間仕事を離れることは困難だと思われるからである。長期滞在できそうな若い教授はそれほどの名声を携えていないだろうし、また、年配の教授は素晴らしいキャリアを積んでいたとしても、祖国から離れた土地での生活に適合するのが困難かもしれない。加えてその教授の今後の大学間交流プログラムへの参加は限られたものになるかもしれない。

３番目の提案は、サンパウロ大学の教授を一線から遠ざけておかないために、またそのような状況で生まれがちな不満を解消するためである。そうすることにより、その教授は同僚の新人の教授が働いていた世界を垣間見て、時代のトレンドに追いつく機会を得ることができるであろう。

これらはすべて、他国からの研究者の貴重な任務でもある。またその結果として、招聘先部門のプログラムにその教授自身が貢献することにもなり得る。

この提案したプランはいつまでも有効なものではない。学部長に言ったのだが、おそらく10年以内には、学生と教師はそれぞれの大学を簡単に行き来する日が訪れる。そのときには科学的、専門的、文化的な交流のできる道が双方の大学間に築かれているだろう。

私がブラジルを出国する前には、すでにこの方向へ歩み始めていた。２つの共同研究がすでに行われていた。ひとつは英語圏の人々向けで、強化理論の専門用語のポルトガル語と英語の対訳に関する研究であった。もうひとつは、サンパウロにあるヘビの研究で有名なブタンタン研究所で、エサになることを免れたアルファ、ベータ、ガンマという３匹のホワイトラットを用いた遅延強化に関する実験であった。

アメリカのジャーナルに公開されたこれらの研究に加えて、ホーランドとスキナーの行動分析学プログラム学習用テキストの優れた翻訳版を、ブラジル人学生用にロドルフォが作成した。私の第一級の弟子であったロドルフォとキャロライナは、私がブラジルを去ってから随分後に、私たちの見識を、授業、研究、執筆、また書籍や論文の翻訳を通じて学生に伝えることになった。

アメリカに戻ってから、私は数名の心理学者に、フルブライトを通じてのサンパウロ出張になんとか興味を抱かせることができた。その内のひとり、Ｊ.ギルモア・シャーマン[注23]（友人であり、以前の研究室の助手であり、同僚である）はその年が終わらないうちに私の後を引き継ぎ、大きな成功を収めた。彼は私が持ち合わせていなかった実験技能と、アメリカ人は外国語が苦手との酷評を覆すだけの言語能力を発揮して、私の後任を務めた。あっという間に彼はサンパウロ市民と同化し、教師と学生で構成されていた小グループの重要メンバーとして、ブラジルにおける強化理論のバトンを受けついだ。

「仲間」の数名の学生はのちに、サンパウロ大学やその他の大学の教授になった。ひとりの女子学生は、行動変容の手法の指導、知的障害に関する研究の両分野のリーダーとなった。注24 別の者は、研究用装置の適切な使用法を教えるだけでなく、研究用装置そのものの権威となった。注25 さらに別の者は、蜂の条件づけの研究、また強化理論をイタリアに導入し、それに関するイタリア人学生用のテキストを作成したことで注目される研究者となった。注26 読者の方はすでにお気づきかもしれないが、私はこれらの人たちの功績とともに、1961年にサンパウロ大学で私の授業に出席してくれた（時々ではあるが）前述の学生たちに大きな誇りを感じている。彼らこそがこの科学の発展と普及のパイオニアなのである。注27

第15章
逃避行動

私がサンパウロ大学の招待を受諾したことに関して、まだ述べていなかったことがある。つまり、私が当時担当していた学科長としての職務期間が短縮されたことである。

大学の学科の管理運営の仕事は、そのほとんどが生じた問題の対応である。能率的で効果的な教育機関、すなわち、教師の主要な役割は教えることであり学生のそれは学ぶことであり、その過程で相互の尊重と満足が溢れているような環境であれば生じない問題である。大半の学生がほとんど学問に専念せず、大半の教師がちょっとでも授業を減らそうとする今日では、学科長の任務は重要なものとなってくる。

教師、学生、学部長、助手、職員、そして保護者など、四方八方から聞こえてくる苦情を聞くのは学科長である。スペースや機器、学生、助手、そして事務局業務に関連して頻発する争いを解決するのも学科長、給与、昇進、終身在職権、大学という木に実る美味しい果実をめぐる激しい競争を鎮めなければならないのも学科長、さらに、自分を学科長に選任した人たちの指令や上司の要請を遂行するのも、また教師や職員の評価を実行するのも学科長である。上からの日報を受け取り、それに対する報告書の準備をするのも、何の予算が必要で何のコースが開講できるかもわからない6カ月も前の時点で、年間予算と大学要覧の責任を負わねばならないのも学科長である。

このような業務の見返りとして、学科長は、学科のChairman（時にはHead）という肩書を持ち、エアコンや絨毯を備えた自分のオフィスがあり、秘書と、意のままに使える事務員をたいてい抱えている。収入はおそらくは少々上乗せされており、来訪者や学生からは大きな敬意を持って扱われる。そして時には妻と共に、大学当局の上級職員との社交を楽しむ機会も持てるだろう。もちろん、周囲の職員に対しえこひいきだと思われるような個人的な親交には慎重にならなければならない。

学科長の仕事で一番良いことは、時には自分の授業の持ち時間を減らせることである。しかしこれは、我々の学部の場合には当てはまらず、そのことが、私がブラジルからの申し出を快諾した理由のひとつであった。

授業を逃れる他の方法には、学科長の特権を利用するまでもなく、より良い方法もある。これは期間も種類もさまざまである。言うまでもなく極端なものは、たまに授業をさぼる方法である。理由は、病気、時には仮病、何かの地域大会や全国大会への出席、あるいは自分の学科や大学を代表して何かに派遣されるなどである。

代講をたびたび使う方法もある。学部へ来訪する著名人、成功を収めた課程修了生、自分の授業への興味を湧かせるよう学生に自分の専門について語ってくれる地元の同僚、常に忠実な卒業生の助手、彼らは皆、担当講師にホッとひと息つかせ、学生たちからは歓迎されるのである。コースのほとんどが無報酬の外部の人によって行われるという「実験的な」大学の教授がいると聞いたが、これは行き過ぎだと私は思う。

特別なプログラムや委員会への取り組みだけでなく、学生の相談、指導、募集といった、授業ではない余分な仕事を受諾することは、時には教師の授業負担を減らすことになる。より重要で、一般に威厳があるとみなされている教授会での仕事は、管理運営側になることで、すべての授業から解放される道を開くことになる。私の同僚の何人かは、この天まで届くヤコブの梯子を登り、管理運営の上層部で活躍した。しかし、その中に自然科学者はほとんどいない。彼らが能力不足であったからではなく、実習の授業がたいてい午後に集中していたからである。それゆえ若い科学者たちは、次期の学部長や学長が選出されることの多い教授会のメンバーからは最初から外されるのである。

まだ科学者や学者でありながら教室授業から逃れる最も名誉ある方法は、ほんの少数の人しか獲得できない、自己の専門分野における高い地位を利用することである。ノーベル賞受賞者なら授業を完全に排除することができるだろうし、米国科学アカデミーのメンバーなら自分の意思で週１回のゼミひとつに制限することができる。さほど著名でない教授でも、地位や年功、学部における権力によって、学生との接触量をかなりの割合で減らすことができるだろう。

政府や他の外部機関より資金提供されている研究に携わる教職員もまた、その研究が続く限り、研究仲間としての恩恵をこうむる。しかしながら近年では、この特権への道は狭められており、一部は通行止めになっている。

私は、仲間の教師たちが、おそらくは冗談で、大学で学生の存在以外に目障りなものは何もないと言っているのを聞いたことがある。冗談であろうとなかろうと、この発言は正しいとはいえない。少し入念な計画、一定量の仕事、そしていくらかの忍耐があれば、１時間ごとに大学の廊下やキャンパスを移動する学生の波を除けば、どの教師もほぼ完全に視界から学生の姿を排除することができる。

＊＊＊＊＊

私がサンパウロから戻ると学科長の座は他の人の手に渡っており、ほとんどの委員会での私の会員資格は失われ、入門コースはもはや私のものではなかった。そして、私にはサポートすべき博士号取得候補者もいなかった。自分の灰色の脳細胞が65歳で衰えてきた時、どうするかを考え始めた。私は遅いバスで出勤し、ラッシュが始まる前に帰宅した。カクテルアワーは６時ではなく、５時に始まった。

第16章
講義のない２つのコース

「教授、クラスには何人学生がいるとおっしゃっていましたか？　17人でしたかね？　それでは、保存してある論文のコピーはそれぞれほんの数部でいいですね。ほとんどの学生は読みませんから」

それは大学院生向けの強化理論の入門コースのことであった。今回私はクラス全員に対して、その中核となる知識、討論の機会、評価の公平性を提供しようとしていた。このコースでは、毎回の授業でこの理論体系の発展段階における重要な研究のひとつ（時には２つ）に関するテストを実施することに決めていた。テストには、予定された授業時間の最初の10分間を使うつもりだった。その後、その理論体系におけるこの実験の全体的な位置づけや他との関連性を話し合おうと思っていた。

テストは下記の４つの質問からランダムに選んだ１問を出すことにしていた。（１）この研究を取り巻く状況（背景、目的）は何であったか。（２）どんな手法が使用されたか。（３）主な実験結果は何であったか。（４）結論は何であったか。またその結論は研究の目的とどのような関連があったか。それぞれのテストでひとつの短い答えが求められたが、選ばれなかった他の３問についても答えを準備しておかなければならなかった。よってその研究を相当に理解していることが見込まれた。

実際、コースはこのようにして１学期間行われた。学生の最終成績はもっぱらこのテストの結果によって決まった。テストは５段階評価を行い、５は最高評価であるＡに相当するものであった。最終成績は、最も点数の低い２つのテストを「免除」して、残りのテストの平均点を基にしてつけた。

テストの度に、前回の成績を学生に知らせた。そうすることで、学生はコースにおける自分の位置を知り、それに対して何をすべきかを理解した。例えば最終成績でAを取りたければ、3か4の成績がついた試験が2、3個ある場合、これから5をいくつか取らなければならないと学生自身がわかるようにした。学生が感じていたプレッシャーはとてつもなく大きなものだったが、これについては後ほど語るつもりだ。

このコースで読む文献は図書館に保管されていて、必要に応じて借りることができる学術雑誌の論文であった。ホームワークに指定してから通常1時間以内に学生たちがこれらの論文を読み始めた。そのため、借りようとして、すべてのコピーが出払っていることを知った学生の苛立ちは大きかった。幸いにもこれが起こったのは初回のホームワークを出した時だけであった。しかし、図書館員の確信は大きく揺れ動いた。コースを取っている学生が全員、課題の資料を読むと誰が考えたであろうか。

17人中4人以外はAを取った。そして全員がこの教科で、私が以前教えたどのコースよりもさらに勉強に励み、課題についてより多くを学んだ。しかし、この種の方法は二度と使うことはなかった。

すべての学生にとって課題は明確で、能力の範囲内にあり、学生はそれを効率よく素早くこなしていた。小テストのフィードバックはすぐに行い、最終成績は取り決め通りにつけた。学生の意欲はきわめて高かったが、嫌悪感も相当なものだった。毎日のテストで蓄積されるプレッシャーは大学院生でなければあまりにも大き過ぎただろう。Cは恥ずべき成績で落第と同じようなものだからである。

私の教え子たちにとってこのコースの唯一の長所は、討論時に導入する短い講義に関しての試験と学期末試験がないことであった。しっかりと管理運営されたコースではあったが、楽しくはなかったであろう。

*****

大学院の1年生たちは、このような標準コース、または類似したコースで強化理論に触れた後に、学部生に提供されていたような実験室での実習を経験していないことをしばしば嘆いていた。このような損失感を和らげるために「個人プロジェクト」というコースが大学院のプログラムに導入された。

このコースの学生には個々に整えられたケージに入ったホワイトラット、学部生用の器具一式、そして作業場所が与えられた。ラットの飼育に関する簡単な説明を受けてから、１学期間に行う10個の実験が指示された。ひとつの実験が無事完了し、講師にタイプしたレポートを提出してから次の実験に移らなければならなかった。時には講師が学生の元に行き、手続きやデータをチェックしたり遭遇した問題点を話し合ったりしたが、たいていは学生ひとりで実験を進めていった。

このコースを履修した学生数は少なかった。しかし、その中の何人かは遠からず私の同僚になる道を歩んでいた。彼らは自分の目標を見据えており、目標となる作業に関する十分な知識を備えており、研究に費やせる時間に制限はなかった。個々の進歩と発見から生じた固有の満足感以外に、彼らの努力に対するサポートはほとんど必要なかった。コースを履修した学生が示した結果は、このような授業形式が正しいものであったことを証明するに十分なものであった。

しかし、このような自由度は多くの学部生にとって、また一部の大学院生にとって危険でもある。依存、ごまかし、先延ばしという長年に及ぶ習慣は、自発的な探求心や持続的な努力の障害にたやすくなり得る。章の初めに概略した授業の進め方は、学生にあまりにも厳しく、緻密なものであったが、このコースはあまりにも緩く、自由であった。

退職が近づく頃には私はそれ以外にもさまざまな教え方を身につけており、それらは学生が学ぶという点においては最善の方法であったと信じている。そのような教授法は、ある程度は私がブラジルの方式を経験したことで身につけたものであり、またコメニウスとその講義システムの足かせを外すことに努力を惜しまなかったことにも起因していた。

第17章

3通の手紙とマリア号

1962年8月、私はキャロライナが書いたメモを受け取った。その手紙は、私のブラジル時代の教え子の中で最初にアメリカの大学院に来たドーラ・フィックス（ベンチュラ）によって届けられた。手紙には新たな提案と、私の協力を依頼する内容が書かれてあった。彼女のメッセージの中で2つの文が最も重要であった。

「ブラジリア大学の学長から、1964年までに人間科学研究所の中に心理学部を設立するので協力してもらえないかとの要請がありました。先生が企画段階から助けてくださらなければ、このような大役を引き受けることは難しいと思っています」

11月、3名の同僚全員がブラジリアを訪れた後に、さらに2通の手紙が私に届いた。1通はサンパウロ大学の私の後任のギル・シャーマンからであった。そこには、客員教授の視点からの提案がびっしり書かれていた。もう1通は私の前の助手のロドルフォ・アジからであった。彼は終身雇用の職を探していた。ギルは、学長（ダルシー・ヒベイロ）の魅力や目的達成に対する真剣な取組み、熱意、実行力について書いており、また現在の魅力的な条件を列挙していた。特に、利用できるスペースや設備、資金に加え、学部設立に関連した特権について強調していた。「スタッフ、コース、オリエンテーションに制限はなく、我々がベストと思えることはなんでもできる」。段取りが整い次第、ギルは明らかにブラジリアのプロジェクトに取り組もうとしていた。

ロドルフォからの手紙には、建物、職員構成、現コースなど、大学の現状が書かれていた。またこの大学で近々、あるいは遠い将来において心理学部が果たす役割についても触れ、そこで働く教師たちの取り組みにおける「方向性」が乏しいとも書かれていた。

「これが、学長が良い条件を出した理由のひとつです。学長は、単に学部としての機能を果たすだけではなく、人間科学研究所に来る他の人々に対してモデルになるような組織と業務効率を実現する学部の開設を望んでいます。（もし我々が行くなら）心理学部だけがこれらの要件を満たすことができるように思えます。コースは準備が終わり次第、始まることになっています。すぐに学部を作り、機能させる必要があります」

手紙は続いて、別の話題に移った。３つの部門において、面倒で厄介な正規の手続きなしで外国人教授がそれぞれの学部に直接雇用されるであろうこと、研究や休暇のために「サバティカル（長期有給休暇）」が３年ごとに取れるようになること、本や機器の税関通過に形式的手続きは必要なくなるだろうことなどが書かれていた。

1961年に私が帰国する際に後に残した「仲間」のほとんどと数人の新しい学生について、直ちにブラジリアに赴く態勢が整っているとロドルフォは書いていた。キャロライナだけは私の返事を待っており結論を保留していた。「先生の答えはひとつだとギルと私は確信しています。荷造りしてブラジリアに向かうと。先生、街は美しく、そこでの生活は平和かつ実り多きものです」とロドルフォは書いていた。

彼はもうひとつの魅力をつけ加えた。「先生がこれらすべてのことをどうお考えになるかは私にはわかりかねます。結局のところ、万事うまくいくかは誰にもわからないことです。これは実験で、まさにそうだからこそ実験主義者にとっては魅力的に映るはずで……」私はしばしばこの文とひとつ前の文のことを思い起こし、すべての手紙を何度も読み返してきた――その後に起こったことを残念に思いながら。

その年はいろいろなことがあった。もちろん私はそのプロジェクトへの参加を快諾し、すぐに準備に取り掛かった。３人の友人が、本、機器、アイデアを得るためにアメリカに来てくれた。一緒に東海岸の大学を訪れて多くの人とミーティングをした。その中には後に我々のコースのコンサルタントになってくれそうな人もいた。最終的に、ニュージャージー州イングルウッドの私の自宅に集まり、これまでの成果を話し合い、今後の行動を決めた。

ブラジリアでの最初のコースの指導案は1963年３月、夜遅くに行ったこの日のミーティングで決まった。その夜の日記に私はそのコースのことを「今までの大学という枠組みの中で最も刺激的かつ画期的なもののひとつ」と書いていた。後の日記（４月29日分）にさらに詳細に書いた。「このプロジェクトは多くのものが融合し、凝縮された蒸留物のようなものだ。例えば、コロンビア大学での実験室での授業、IBR（彼らが訪問したメリーランド州にある行動研究センター）で使われている方法、実施可能な場合のプログラム学習の活用、個別の研究や実験での各段階で与えられる〔テキストの課題〕、講義、会議などの扱い、忠実な指導よりもむしろ着想を与えるような授業の実施、試験の成績よりもむしろ学生の実績の総合判断による評価などである」

３人の同僚はサンパウロに戻り、1964年にブラジルの首都へ移動する準備をすすめた。妻と私も準備に取り掛かり、その年の２月再び旅立った。今回は何艘もの船を所有する友人の好意で貨物船に乗せてもらった。乗組員がギリシャ人でリベリアの旗を掲げ、リン酸肥料をフロリダ州タンパからブラジルのサントスへ輸送する一度きりのリバティ・シップ（訳者注：第二次世界大戦中アメリカ合衆国で大量に建造された規格型輸送船）であった。

マリア号は客船ではなかったので、妻は「スチュワーデス」、私は「ベテラン船員」を務めた。寝泊まりしたのは船内の病室で、実際には受け取らなかったが少々の報酬も発生した。どこにも停泊することのない21日間の南大西洋の航海であった。途中、キューバ、マルチニーク島、カボフリオ島が沖合に見えた。サントスに到着すると友人たちが出迎えてくれた。その夜、サンパウロでの再会パーティがあったのでいったん下船したが、翌日荷物を取りお礼を言うために船に戻った。

第18章
描いた夢のコース

３人の友人のアメリカ訪問と我々のブラジルへの再訪問の間に、ある学術会議で私はスピーチを行い、ブラジリアで新しい学部開設をした際に開講される予定の入門コースについて話した。またその年の１学期には、イングルウッドの親睦会で考案した計画の基本要素を織り込んだ短期間コースを自分で企画して試みた。

この章ではその実現前のコースについて、学術会議でのスピーチの言葉を使って説明する。その次の章では、立案、実施した短期間コースについて記述することにする。

「これから説明するようなコースはこれまでなかったものです。うまくいかないかもしれません。人の生まれ持った傾向とは相反するものです。何も目新しいものではありません。たとえうまくいったとしても、強化理論を教えたに過ぎないかもしれません。他所ではうまくいくかもしれませんが、ここでは無理かもしれません。そして究極のところ、それは原理に反していると感じられると思います」

「これは講義、デモンストレーション、討論、実験、ホームワークのあるコースです。講義とデモンストレーションの回数は少なく、主に着想を与えるような内容です。理想としては、面白く有益で記憶に残り、さらには楽しめるものです。いったんコースが始まると、講義やデモンストレーションはその時最適と思われる場所で行います……出席するかしないかは……すべて学生の判断に任せます。討論は……それを希望し、（出席する）資格を得た学生だけで、ふさわしい時期に適宜行います……討論は基本的に、実験室や自宅で取り組んだ課題に関する質問や発表を行う権利を得た学生のために行われます」

「実験自体はコースの２日目か３日目に始まり、これがこのコースの最も重要な部分となります。各学生には、小部屋を間仕切りで区切ってある装置が整った占有の個室を週５、６日、各日一定時間与えます……（学生の）各日の課題は学生にそれを行う資格ができたときに開始されます。例えば、前日の実験レポートの提出、前回の課題文献に関する数問の質問に対する回答、その日の自分の役割の詳細の把握、あるいはこれらすべてを行ったときに……学生はその日の課題に着手する資格を得ます」

「実験課題が終わった者だけに、次の実験に必要な課題を出すようにします。これがその学生のホームワークとなります。テキストをそのまま、またはプログラムされたテキストの学習、わかりやすいように編集または補足された記事や論文を読むことがホームワークになる場合もあります。そしてテストに出題されるような重要なポイントになる質問を数題出す場合もあります……また課題の完成の褒美として、そしてさらなる興味を引き出すために、他の読み物も提供する場合があります」

「……このようなコースでは助手の役割がきわめて重要になります。助手は装置の準備と点検、レポートの回収、資料と課題の配布、そして重要なステップを各学生の日誌に記します……また学生の（書面による）不満、要求、意見、提案を集めてコースの責任者に手渡すことも役目です」

「教師は……最初はこと細かく学生ごとにその日の指導プログラムを策定し、学生の出来具合と助手の報告書を見ながら修正を加えていきます。また、随時講義を行い、デモンストレーションを行う準備を常にしていなければなりません。時には会議や討論にも出席しなければならない……時には学生のレポートを読まなければならないでしょう……」

「すべての必要条件が満たされた時がこのコースの終了時です。この時点で学生の日誌はコースの責任者によって審査されます。彼の業務といえば、達成度を記録してその日誌を学部のファイルに収めることと、おそらくは学生に祝辞を述べるためにちょっと時間を割くことです。学期末試験はなく、成績もつけず、課題達成が早くても遅くても報酬や罰則はありません。ひとつの教育の過程において課題の確認と指導は切り離すことができません。単なる文字や数字以上のものが、達成された目標やそれに要した時間の記録の中にはあると思います。そこで学生は次のコースへの準備ができるわけです……それについては現時点ではまだ触れません」注28

読者のためにもう一度言うが、上記に述べたものは実際に実施したコースではない。私が雇用されていた大学を含むこの国の誇り高き大学ではこのようなコースは存在しなかった。授業委員会でも議題に取り上げられなかったであろう。おそらくブラジルでは可能であったかもしれないが、この国では不可能であるだろう。（もし実現可能だったら）これに対して多くの人はこう言ったであろう。「何とありがたい！」

第19章
ミニコースの教授

教師が講義から逃れるひとつの方法（第15章では省いたが）は、学生に講義をさせることである。これは、いわゆる「ゼミ」――「教師の指示の下に組織的学習を行うクラス」で可能である。この辞書的定義に付け加えると、このようなクラスの学生数は滅多に12人を超えることはなく、学習や研究は教師の指示で行われ、レポートは各学生がクラス全体に講義形式で行うものであるといえる。講義は教師がよくするように、書いたものを読み上げることになるかもしれないが、この形式だと、しばしば学生は自分が書いたものを講義に使うことになる。

学生による講義は教師のそれに似てはいるが、それほどの重みはない。テスト範囲にはならないので、ゼミの学生は講義に身が入らないかもしれない。教師だけは関心を持って聞く必要があるが、そのふりをしているだけの場合もある。ゼミでは、講義はそれを行う学生にとってのみ重要なものであり、気に掛かるものなのだ。

ゼミは時には、教師が望む新分野を開拓する場でもある。例えば、ゼミのメンバーを動員して共同プロジェクトを実施し、共通の目標に向けて学生自身の独創的な才能を発揮する機会が与えられる場合もある。

このようにして私はプログラム学習（第11章）の専門家になったのであり、前の章で記述した夢を実現するために、1963年の１学期にゼミの４年生５名と共にそれらを行ったのである。助手の大学院生に手伝ってもらい、「教授法」という広義のトピックを、行動原理におけるモデルコースの準備と運営バージョンに作り変えた。こうすることで、1964年にブラジリア大学で使用する計画のシステムの実行可能性のデータを得たかったのである。

私はまずゼミで、ブラジリア大学のプロジェクトとこれが意味する画期的な指導のことを語った。計画の要点を話し、同僚にはすでに報告していた例のコースの青写真を語った。そしてゼミのメンバーにこれがうまくいくと思うか尋ねた。全員が例外なく同意し、次にどう進めていくべきかを語ってくれた。

私たちが開発したミニコースは、クリスマス休暇に開講予定であったが、その指導要綱は驚くほど詳細なものとなった。各単元はそれぞれのメンバーが全員の厳密な精査を受けながら作成し、最終チェックは私と助手が行った。適所に42枚の装置の写真を配置した100ページ以上の資料が作成され、全員が納得するまで修正が繰り返された。これはすべて、テキストの当該研究分野に新たに加えられた。

コースはまず、映像を見ながら行う「インスピレーションをかき立てるよう」な講義から始める。次に、学生が主体的な役割を担うデモンストレーションを行う。それはシェイピング、条件づけ、消去、弁別の4実験である。また、装置の使用法やホワイトラットの扱い方も教える。講義と映像以外、授業はすべて印刷物を使用する。

コースを受講した学生数は3名。人種の異なる志願者（同じく3名）から“厳選”された（“ ”は訳者：偶然にも多様な3名の応募があったことをユーモラスに表現）。高校3年生が2名と近隣大学の1年生が1名、内訳は男子2名で女子1名、2名が白人で1名が黒人。宗教は皆違っていた。これ以上のことを望むことはできただろうか。確か、参加者は2週間の授業に少額を支払ったと思う。しかし、彼らは自らのペースでコースを受講し、またコースを終了することは強制ではなかった。学生は日に数時間、自由に研究や実験をすることができた（ホームワークはなかった）。そこには助手がいて質問に答えたりテストの成績をつけたりしていた。頼まれれば私も、廊下を挟んだ向かい側の自分の部屋に待機していた。

各単元が終わると、その単元に関するテストを行った。学生は、満点を取れば次の単元に進むことができた。もし落ちれば、さらに学習して再度テストを受けなければならなかったが、まったく罰則はなかった。テストは時には講師が助けたが、基本的には助手が独自に採点をした。

このコースは、新しい手法がうまく機能するかを試す実験であった。またこれは、ブラジルで役立つかもしれない情報を収集するための実験的研究でもあった。コースは下記の点において成功を収めたと思う。

1．学生たち（ハロルド、バーバラ、ジェームズ）は自分のペースで進める授業が気に入っていた。内容に精通することは必須であったが、繰り返されるテストが懸念材料になったり、辞める理由になったりはしなかった。各人がこれらの点を容認する発言をしていた。
2．実験はプログラムできることがわかった。明確に指示すれば、不慣れな者も実験を行うことができる。そしてデータを集積し、表にし、グラフにまとめ、出題に答え、結果を導くことができるとわかった。学生たちには、何らかの反応を求める項目別の指示を出すだけでよかった。爪を噛んだり、怒り出したり、助けを求める者はいなかった。このコースの７名の教師は丁寧に任務を果たした。
3．我々が学んだのは、このようなコースの大部分は企画に負うところが大きいというだけではなく、よく練られたコースはほとんどひとり歩きできるということだった。今ではそれを利点とは思わないが、その時は確かにそう感じていた。ティーチングマシンとプログラム学習用テキストの影響力は、コースの制作において甚大であった。

コース制作者および管理者
デイビッド・グラスマン
ラリー・ゴールドマン
サンダー・E．カーシュ
ダニエル・ライリー
ジョン・マーティン
支援者 ラニー・H．フィールズ
心理学部 03911x-1963-4年

コースの教師はさまざまな点において、学生たちと同じくらい多くを得た。教師は、それぞれの専門分野に責任を持って担当し、他の教師の建設的な批評を行った。この教育課程では、全員が最初から最後までかかわり続けた。教師はそれぞれ独創的な方法で事に対処する責務を担っていた。各々は自身の任務から、また講師だけでなく他のメンバーからの強化があることもわかった。そして完成を見届けたこと、さらにバーバラ、ハロルド、ジェームズが相応の知識を吸収したことや、それまで持ち合わせていなかった技術を自分のものにしたことに満足していた。もちろん３人は、お互いの講義、時には教師の教えから、多くを学んだであろう。

第20章
ブラジリアの話

ブラジリア大学でのコースが実施されるのを見ることはなかった。サンパウロに着いて２カ月が経ち、首都へ移動する準備がほぼ整った時にクーデターが発生した。この危険な状態はほぼ１カ月続き、我々の計画は完全に消滅した。そのうえ、大きな誤解（きわめて複雑なので説明は省略する）を招き、我々のグループは解散の危機に陥った。５月初頭にようやく我々の問題が解決し、ブラジリア大学の新学長ゼフェリノ・ヴァズ氏から、当初の計画通りにプロジェクトを進めてほしいとの依頼を受け、また、新しい経営陣からのサポートに関する確約も得た。しかしその時にはすでに、我々２人のアメリカ人は帰国して、アリゾナ州立大学[注29]で勤務する手筈を整えてしまっていた。そこでは我々の教授法の展開を自由に継続できると確約されていた。

UnB（新しいブラジリア大学）では、我々に残された期間（シャーマンは１カ月、我々は４カ月）で、調整役のキャロライナの指揮の下に心理学部の組織化が始まった。サンパウロ大学での元教え子のマリオ・ガイディが、機械工作室と実験室を準備した。我々のスタッフ、および同行して来た文系修士課程の学生[注30]用の部屋も出来上がった。教室には装置が設置された。図書館には心理学に関する書籍のスペースが設けられた。そして私が立ち去る直前にアメリカからもう２人教師が来た。[注31]しかし計画していた入門コースが実際に開講されたのは、我々がその場所を去った後のことであった。

私がまもなく発つという時、ある重要なイベントが行われた。７月８日、我々はサンパウロ州のリベイラン・プレトで開催された1964年度ブラジル科学振興会（the Brazilian Society for the Progress of Science）学術会議に出席した。大学が用意してくれた運転手付きの車での１泊２日の旅であった。学部のすべて、すなわち学生、スタッフ、装置、おまけにホワイトラット２匹が総動員された。我々のプレゼンテーションは午後の時間をすべて使って行われ、多くの人々が参加した。

私は「夢のコース」（第18章）をポルトガル語バージョンにして口火を切った。ロドルフォが次に、このコースをブラジルという環境で実施する際の問題点について説明した。マリオ・ガイディは、特定の強化スケジュールで訓練中のラットの「ゼフェリノ」（人前ではそう呼ばないが）がレバーを押すと水が出る実験用の箱を見せた。また当時修士課程の志願者だったジョアン・クラウドディオ・トドロフが、彼が訓練したラットの「ブラジル」を使って、北米の前任者たちが行った方法で、興味深い連鎖反応を見せた。そしてキャロライナが我々のグループリーダーとして意見を発表した。

このプレゼンテーションは多くの質問や意見を受け、大成功を収めた。この学術会議で薬理学者は、ブラジリアに行って我々の技術を学びたいと語った。他の大学の学生は、夏季クラスで勉強できるかと尋ねた。そして教師は、我々の指導案の詳細を尋ねた。うきうきするような数日間であった。

ブラジリア大学のコースの準備と運営は主にロドルフォが行っていた。我々がまだ全員ブラジルに滞在している間に、彼はコースで教えるべき要点を決断し、その内容を我々に確認した。それは私の制作ゼミで意図されたような質は備えていなかったが、我々がその前年に策定したコースと似通ったものであった。

このコースの記録を見ることはなかったが、60名の学生が履修し、その多くは心理学者を目指す学生であったらしい。[注32] それぞれの学生の実験作業は助手（修士課程の志願者）が評価し、講読に関する評価は学部の職員のダニエルが行なった。客観テストの正解を持っているダニエルが机の向こう側に座り、間違った答案をチェックし、適切な箇所に求められる言葉を書かなかった学生には答案を戻した。学生が自分の評価に不満があれば助手や講師にその旨を伝えることができた。不満がなければさらに勉強をして、自信がついた時点で再テストを受けなければならなかった。

コースに対する学生たちの反応は良かった。特に良かったのは自分のペースで進められる点であり、１学期の運営は大成功したと聞いた。学生の何人かはコースに現れず、また第１部（コースは３部あった）を終えることができない者たちもいたが、これは想定内であった。学生たちは、自分の思い通りのペースで学習を進めながら、各ステップを完全に理解していくのにどれくらいの時間がかかるのかは、やってみるまでわからなかった。

このコースには重大な欠陥があった。それは、学生がコースの中で直面する課題や質問に個別に対処できる場所がほとんどないことであった。講読のわかりにくい箇所の解明や進捗度チェックに対する釈明の機会もなければ、ダニエル以上に適任である誰かとこのコースのことを話せるような機会すらほとんどなかった。この問題をどう解決したかは後の章で説明する。

ブラジリア大学のコースの第１部は２回、第２部は１回開講された。しかしその後、大学が重大な危機に陥り、すべてのコースは休止された。多くの教師が突然解雇され、抗議して辞める者もいた。「仲間」のメンバーは、大切に温めてきた計画を諦めなければならなかった。集めてきた書籍、工作室と装置、そしてこのコースに興味を抱いていたすべての学生を放棄しなければならなかった。彼らは解散して個々に違った場所でやり直すしかなかった。彼らのほとんどは、さまざまな都市の別の教育機関に移籍したと後で聞いたが、ともかく全員にとって夢の計画は打ち砕かれた。

ブラジリア大学での冒険的企画の最後の日々の様子は、ロドルフォが1965年11月11日付の手紙で教えてくれた。手紙には「私は経営陣からの解雇名簿に載っており、グループの他のメンバーの解雇要求がまず受理されることになっています」と書かれていた。彼は、教師たちがブラジルの大統領に話を聞いてもらおうとしたが無駄に終わったことにも触れていた。彼は、我々が送った数々の支援の手紙に感謝の念を述べていた。この手紙はすべてブラジルの大手日刊新聞に掲載された。さらに彼はグループのメンバーがどうなったのかも教えてくれた。大学院生の数名は前職に復帰し、２名は他の大学からの教職の申し出を受け、また別の者は英語教授法の通信教育学校に就職することになった。キャロライナはサンパウロ大学に戻ることになった。ロドルフォ自身は経済研究所に就職した。

「遅かれ早かれ、事態は好転するでしょう。多くの人はもっと大変でした。我々は全員生き延びるだろうと思います。払った犠牲に見合うかどうかをお尋ねいただく必要はありません。心配はご無用です」

第21章
日記からの抜粋

【1965年】1月13日水曜日　午前２時から８時まで、学生たちが自分のペースで学んでいけるようなコース計画を考えていると眠れなかった。それは火・水・木曜日、または月・水・金曜日のクラスでＡ、Ｂ、Ｃという評価、試験、小テストを入れての枠組の中に収まるものとする。その考え方にはブラジリア大学のものといくつかの類似点がある。

抱いている計画はこのようなものだ。今学期の成績優秀者上位５名～10名の学生を助手として選び、手伝ってもらう。各助手に10名の新入生をつけて、課題の出題、到達度チェックの採点、到達度の記録などを行ってもらう。あるいは講師の補助などをしてもらう。

ブラジリア大学の企画は最初から、条件に見合うような大学院レベルの助手を複数名つけてもらえると見込んでいた。冬休みに行ったコースにはそのような助手がいて、数名はブラジリア大学の適性テストで採用された。しかしアリゾナ州立大学では、大学院生は１名しか助手として確保することができないことがわかった。それでどのように、例えば100名のクラスで、学生を個別化して教えることができるのであろう。私の時間はすべてレポートの採点に費やされてしまうではないか！　ある朝早く頭をひねってたどり着いた解決策は、学部生の「助手学生」であった。

1月15日金曜日　昨日、心理学－312（３、４年生用の強化理論の入門コース）の成績上位10名に、私が新しいコースを開講することになったら助手になる気持ちはあるか尋ねた。全員が興味を示しており、そのうち少なくとも５名は任せられるだろう。ひとりは大学を辞めるらしく、他の数名は全部または一部の授業時間が重なってしまうと言い、また夫の賛同が必要と言った学生もいた。今日、B教授（学部長のアーサー・J.バックラック氏）と短時間であるがこの可能性について話し合い、彼は随分と乗り気であると感じた。助手の賃金を確保できるようにしようと言ってくれた。

合計10名の助手を最終的に確保した。そして学期が相当経過するまでに、時給1ドル10セントの賃金を支払うことができた。しかし、たとえ無給でもきっと手伝ってくれたであろう。学期の終わりに、彼らは自ら習得したことと考え合わせて、いくつかの履修単位をもらえることを希望し、またそれに見合うのではないかと持ちかけてきた。よって次の学期から賃金の代わりに単位が与えられるようになった。

1月23日土曜日　（風邪のため）新コースの序文を書くなどしてベッドで1日を過ごした。このコースに対する大きな不安が2つある。（a）学習習慣が強く求められるので学生が拒絶反応を示すかもしれない。（b）人間的なふれあいが欠落することになるかもしれない。ふれあいは講師が毎日教壇に立ち、挫折しながらも幾人かの生徒を感化する中で時として生まれるものである。おそらくそれは「報酬として得た」講義から提供されるのではないか。私はそう期待しているが、現時点では不安が拭えないでいる。

1月24日日曜日　昨日よりも気分がよく、来学期の個人コースの序文を書き上げた。初日が近づくにつれてますます、結果に対して神経質かつ不安になってきている。最も心配なのは学生のことだ。課題にうまく対処してくれるのであろうか。勉強量を受け入れてくれるだろうか。コースの講義、デモンストレーション、討論は、通信コースよりも少しはましだと思えるほど参加しがいがあるものだろうか。助手学生の中の2名は、受講する学生より1学期間しか先輩ではなく、そのような「助手」の権限を認めて受け入れてくれるのだろうか、等々である。もちろん助手に対しても、彼らにはその任務をこなす能力があるのだろうか、興味を維持し続けることができるかなどの心配がある。繰り返し言うが、私がこれほど未経験ではなく、もっと先見の目があるなら、こんな冒険はしなかったであろう。しかし、私や私の立場にいるような者が企てなければ誰がやるというのだ。振り返ると1946年に感じていたのと同じような状況である。実験室はまだ完成しておらず、どのラットも条件づけができていないのに、授業は月曜から始まろうとしていた！

1月28日木曜日　今日は再びこのプログラムに取り組んだ。このコースで決めた20単元の各課題を準備することはとても楽しいことだ。課題をひとつずつ丁寧にチェックし、学生にそれぞれの読書課題から何を読み取るべきか、またそれがどこに書かれているかをアドバイスする。明日は講義とデモンストレーションの選択に取り掛かりたいと思っている。前者に関しては、講義が強制ではなく、また講義が教える手段と感じられていないのに、いくつの講義を行いたいかというのはおかしなことである。

2月４日木曜日　ショーの本番の準備がほぼ整った。初期の課題（最初の２つ）のガリ版印刷と複写などはほぼ終わった。私には助手を務めてくれる職員がいて、準備はほぼ整った。新しい（大学院生の）助手もひとりいる。そして来週の火曜日には最初の講義が待っている。このコースの発端とその論理的根拠を話すつもりだ。加えて、火曜日に学生たちにコースの形式、概要、基本原則のプリントを手渡し、最初の課題を出す。装置に関してはおそらく助手がその場で説明することになるだろう。木曜日には、学生は最初の「自習時間」また「準備確認テスト」のためにテキストとノートを持参することになる。

驚くべきことに、我々の教え方に対する学生の反応については我々はほとんど知らない。我々が出す課題を学生はこなせるのか、こなせないのか。最初の「到達度確認テスト」に彼らが合格するかさえわからないし、コース全体の20単元に関してはさらに見当がつかない。これまではいつも、期末試験も含めて学期ごとに、低得点や落第点の学生を落としてきた。もしそれに関してもっとお尻を叩いていれば、学生は最初のテストに合格して先へ進んだのだろうか。また、厳格なシステムにより、過去に優秀な学生の進出をどれほど抑制してきたことだろう（おそらく永遠に完璧な答えは出せないだろうが、通常の課題量がある他のコースをうまくこなしている学生のケースから、学べることがあるのは確かである）。

２月10日火曜日　今日スーザン・アンダーソンを助手に、それぞれのセクションに５名ずつ、計10名の助手学生を配してコースが始まった。代替要員としてドゥリスケル、ヴァーハヴ、エクルンド、ヘイマー、セイファー、クガー、グラハム、ウェブ、ケリー、カルバートソン、他２、３名が待機していた。クラスが始まる直前のプリントに穴を開け順に並べて一冊にまとめる作業やテープレコーダーの準備は楽しかった。２回の講義を行った。このコースの発端について話した２回目の講義は、１回目よりも手応えがあった。昨日の午後、助手学生を集めてミーティングを行い、学生が明らかについていけていない場合を除き、あまり授業への出席を強要しないことに決めた。20単元すべてにテストを実施するということは32回の授業のうち少なくとも20回はテストがあることになる。それに加えて講義とデモンストレーションがある。我々の仲間はとても興奮しており、学生たちはおおむねこの授業方法を認めているようであり、じきにそれがどのように運ぶかわかるだろう。最近はあまり寝ていないが、今晩は寝不足を挽回できそうだ。木曜日の授業の準備はできているし、明日は授業がない。

ギルは彼のクラスでも同じ手法でやってみると決めた。成績優秀者のグループで実験してみようとする彼の計画が不可能だとわかって以来（大学の規定では最低履修登録者数は10人であったが４人しかいなかった）彼は我々の手法に興味を持っていた。

コースの最初の課題は難しすぎて、一部学生はクラスに在籍できるかさえ危ぶまれた。第４単元はあまりにも長すぎて障害となり、すぐに助手学生から報告を受けた。その結果、第１単元が変更され、第４単元は２つの単元に分けられた。また全20単元を19単元に減らした。

月曜日の午後の助手学生とのミーティングは各単元の評価と修正という点において、また彼らがよりよく働ける準備対策においても有益なものであった。

２月25日月曜日　コースの３週間目になった。数人の学生がクラスに来なくなり、もう数名もまもなく辞めるだろう。第１単元のテストに受からなかったからである。一方、数名の学生はすでに第４単元まで進んでいる。現時点では、第２単元のテストに合格し、今週木曜日の第３単元の講義が受けられる状態にまで進んでいれば十分である。ここに至っていない学生たちは、今が山場である。講義の出席は強制ではなく、また講義は試験に出る範囲をカバーしているわけでもないが、２単元以上進んだ学生だけが出席できることになっている。学生が自分の元にやってきて、テストに合格することで講義への出席を認めてもらおうと、早めにテストの実施を願い出てくるのは奇妙な感じである。しかしそれは実際に何度かあったことだ。

コースは予定通り着実に進んでいる。スーザン・アンダーソンはテストが行われる教室（我々の統計データ室）を出入りする学生と話して「ホームルーム」の先生役をうまくこなしており、ほとんどの学生はテストを受けないときはホームルームで勉強する。パット・コーク（同時間に講義スタイルで教えている別コースの担当者）が言うには、必須でもないのに我々のクラスの出席率は、「嫌悪統制」で行っている彼女のクラスよりも良いそうだ。助手学生は真面目に誠実に働いてくれている。クラスがあるときは、私は自分の部屋で待機して資料を作成するなど、このコースに関することに取り組んでいる。学生からは、要求が厳しすぎるとの不満はあった。例えば、問題にしばしば不備があるのに、90点ではなく100点でなければ次に進めないというのは厳しすぎる、などである。しかしおおむね、学生も教師もやる気を持って全員が前進していると感じている。現時点において、私はたとえ今年度なんらかの理由で失敗したとしても、いつかは成功できると考えている。そして今年度に関しては、私以外は誰も心配していないように思える。しかし見落としは少なからずある。

スタッフミーティングは週２回ではテストに十分ではないことがわかった。よってすぐに土曜日の午前中にもミーティングを行うことにし、後に水曜日の午後２時～５時も定例ミーティングに付け加えた。

第22章
万能薬

日記に書いたようにコースは進行していった。そして学生、助手学生、助手、講師、つまりこのコースに関わった全員からこれは成功したと評価された。コースの最後のほうで辞めた学生からも、前向きな評価を受けた。コースは次の学期でも繰り返されたが、より改良されたものとなった。正式な報告書（本書の付録Ａ）を同僚のために書き、「集団授業」に代わる言葉を少なくとも我々の領域内で広め始めた。企画は個別化教授システム（**personalized system of instruction:** 略して **PSI**）という名称にした（私は時にそれを「代理教授」システム、または「プログラム化」システムと呼んだ）。同じ手法を試してみたいという教師なら誰でも、指示書を手渡した。それを簡素化して記述しておく。

1．コースを細分化する。１学期が15週間であれば復習も含めて20～30の小さな課題（単元）に分ける。
2．学期を通して、ひとつひとつの単元を学生自身のペースで進められるようにしておく。
3．例えば質問事項を渡すなどして、各単元で学生がしなければならないことを明確にする。そしてその単元を完全に理解しなければ、次の単元に進むことができないことを伝える。単元のテストに合格しなくても責めてはいけない。問題を指摘し、学生の準備ができたら再テストを行うようにする。必要な際は繰り返す。
4．テストは自ら採点してはならない。作業には助手学生（すでに関連コースを受講した者の中から優秀な者を厳選し指導する）を使う。十分な準備態勢があれば、助手学生は教師と同等のレベル、ある時にはさらに高いレベルで作業が可能である。また教師が知り得なかった学生やコースの情報を伝えてくれるであろう。彼らもまた多くのことを学ぶことになるので、教師の裁量で１、２単位を付与してもよい。

5. 教師が必要と感じた時にだけ、講義やデモンストレーションを行う。しかし出席を強要してはいけない。またその講義やデモンストレーションに対する試験を実施してはならない。気分良くこなしていくこと。ただし講義に出席する学生数はそれほど期待すべきではない。学生はテスト勉強のほうに時間を割くからである。
6. 教室内や近くで常に待機しておくこと。テキストや課題に関する疑問が発生し、学生や助手学生があなたにしか答えられないような助けを求めるかもしれないからである。
7. 学生や助手学生からの意見があれば、それに基づき直ちにコースの資料を修正すること。教師の用意した質問や課題が完璧というわけではない。
8. どれほど時間がかかろうが（ゆるやかな制限期間の範囲内で）何度試験に落ちようが、学生が教師の要求を満たせば成績はAをつけること。J.C.ペニー、IBM、ジェネラルモーターズといった企業の利益のために優秀な学生をふるいにかけることが本来の目的ではない。ましてや学生のIQを測ることでもない。目的はただ専門家として、学生が知るべきと思えることを教えることである。
9. 教師が提案する授業を学部と経営陣が受諾し、十分な時間と予算が割り当てられるまでは、コースを開始してはならない。

国内をはじめカナダ、南アメリカ、インド、アイルランド、オーストラリア、ニュージーランド、またサモアのパゴパゴなど国外の多くの国々においても、さまざまな教育機関で、程度の差はあるものの、この手法に則って多くの分野の授業がこれまでに開講されている。この手法は主に大学で使われてきたが、時には高校や小学校、また大学院の教育にも使われている。工学系や理学系の分野でまずその価値が認められた。

しかし現在は歴史、音楽、哲学、英作文など、他の多くの分野でも認められている。また学校教育外では、軍隊、産業、その他の研修プログラムでも使われている。

次のようなPSIの数々の改良版や発展版はこの10年で作られた。すなわち、コースを受講する学生を助手として起用する。評価手段に筆記試験だけでなく面接も加える。さらに**個別教授型**PSIを開発した。これは助手学生をチューターとして特別に訓練し、各単元のテストの成績をつける、あるいは情報のありかを示すこと以上の働きをさせるものである。これらが本来の形式から大きく変わった点であるが、今はその詳細を記述しない。

どんな形式であれ、PSIは数えきれないほどの教師が使用し、良好な結果が出たとの報告を受けている。この手法に関する研究や勉強会は多数行われてきた。これを主題にした論文が書かれ、スピーチが行われている。大会が開かれ、このニュースは口コミ、またはさまざまな機関を通してあらゆる方面へ広く伝えられた。

これらすべてから、個別化教授が我々の時代の教育を蝕む重病に対する万能薬であると読者は結論づけるかもしれない。これは事実であると思いたいし、またそうなり得ると信じているが、そのような治療には多くの障害もある。従来の授業形態の殻を破るということは、授業時間の長さ、学期の週数、1984年のクラスの整合性、入学基準、履修規則、学生記録、成績分布、学校行事、説明者・討論者・演技者としての教師の本来の役割等に影響を及ぼす。またどのような変革も、学生と教師、教師と経営陣、経営陣と理事・保護者・卒業生の関係を脅かしかねない。これらのあるいはその他の変革のどれもが大事件になり得るのである。それらが教育の質に影響を及ぼすからではなく、古い教授法を保持、保護すべきとする複雑な官僚主義が存在するからである。

それやこれやで私は、我々の教授法の将来に不安を覚える。たとえ採用されたとしても昔ながらの枠組みに当てはめようとするあまり、しばしば「そんな感じのもの」になってしまうのが見えてしまう時はなおさらである。妥協を繰り返すと、取って代わろうとしている元の対象と同じようなものにしかならない。

第23章
著者の悪夢

登場人物：著者と著者の批評家たち[注33]

場　　面：巨大な円形劇場。底には著者の姿が小さく見える。強い光に照らされて彼は10人の学生が肩で担いでいる円形の台の上に裸で立っている。批評家たちは最も高い座席の向こう側の暗闇にいる。そして彼らの発するセリフは、まるでいくつもの轟音が重なったようにその劇場に鳴り響く。学生たちの声は聞こえないが、彼らのものとわかるうめき声が時折聞こえてくる。

批評家：我々はあなたから、刺激的で好奇心を掻き立てられるような報告書をいただきました。このような企画は賞賛に値するものであり、他の多くの人々が教育の新しい試みに取り組むきっかけになることを望みます。しかし同時にあなたの計画は、不安と疑念を抱かせるものでもあります。学生の中にはそのような劇的変化への対応に不安感を覚える者もいるでしょうしね、足並みが揃った状態から……。

著　者：私はこの手法で何学期か教えてきて、そんな不満は聞いていませんよ。実際、このコースの最も素晴らしいところは自分のペースで進めていける点だという報告をいつも受けているんです。

批評家：話を遮らないでください。続けますが、足並みが揃った状態、つまり権威主義的状況に学生は慣れ親しんでいるのですから。

著　者：すみませんでした。そうですね、中には自分のペースで進めていくという自由度の高さに最初は戸惑う学生もいます。しかしいったん勉強を始めるとすぐに慣れてしまうんです。

批評家：なるほど。でも実際にはいったい何名の学生が始めるんですかね。

著　者：多くは我々が出す最初の単元の内容によって異なりますね。例えば、最初の単元が難しかったり長すぎたりすると、学生の少なくとも10％程度はやる気をなくして取り組まないかもしれません。でもその単元が短く、理解しやすい場合は多くの学生はやってみようとし、最終的には成し遂げることになります。このようなコースにおいては、モチベーションは成し遂げることで生まれてくるんです。

批評家：そうですかね。個人を重視するそのようなコースでは、自分が異彩を放つと感じる学生がいる一方で、他の学生との直接競争がないのを物足りなく感じる学生もいるのではないですかね。

著　者：いえ、実際はその逆なんです。学生は仲間、また教師による個別教授という形式が気に入っているようです。また競争がないことを残念がっている様子はありません。進むのが早い学生は時には遅れている仲間を助けてあげていますよ。

批評家：そして要件を満たした学生全員に対してＡという成績をつけるのですか？　彼ら全員がＡという成績に値すると本当に思っておられるのですか？

著　者：まさにその通りです。課題を与え、それに対してどれほど時間をかけようが、何回テストを受けようが、すべてこなせば履修単位を得る価値があります。それは運転免許証や博士号の付与と同じだと思います。

批評家：それは良い例ではないですね。あなたのコースでＡを取った学生たちは皆同じレベルの知識を得たと本当に思っているのですか？

著　者：もちろん思っていません。Ａを取った学生は単にコースの要件を満たしたというだけです。私がしたいのは、個々のレベルには相違があることを証明することではないのです。必要なのはコースの内容の基本的理解で、全員に対してそれを達成する機会を与えているのです。学生の中には私が求めている以上を学んだ者も、またそれほど学ばなかった者もいるでしょう（私が作成した試験が必ずしも完璧だったとは限りません）。しかし、現在までに開講されたクラスでＡを取った学生がそれに見合った者であったように、このコースでＡを取った学生全員はその成績に値するのです。

批評家：しかし学生全員がＡを取りたがっているわけでもないでしょう。中には詳細に至るまで完全に理解する必要はなく、その分野のおよその理解で十分と思っている学生もいるはずです。中には単元ごとに試験を受け、またそれ以上の課題をこなしながら全単元をマスターすることへのモチベーションを持ち合わせていない学生もいるはずですよね。

著　者：面白い異論ですね。それに関して言わせていただくと、「およその理解」だけでいいと思っている学生は、同様に高い成績が求められるとしても、このコースほどには細部まで学ばないコース（そのようなコースがある大学もある）を取れるようになればいいと思います。または、より大きなコースの中からいくつかの単元を選んで勉強してＡを取ることもいいでしょう。でもそれに対する履修単位は少なくなります。しかし、今言及された問題は通常は別の方法で解決されています。完全に把握しようという熱意がないままコースを始めた学生も、いくつか単元のテストに受かると内容に興味が湧き、詳細に至るまで理解したいと思い始めるのです。学期の初めに希望していた、または計画していたよりも学ぶべきことが多いからといって、コースを途中で辞めた学生はこれまでひとりもいません。

批評家：決められた答えを導き、そして最終的な報酬と基本的な動機がＡという成績であるという指導要綱が明確にされているこの変革プログラム学習では、どれほどの個別化が計られているのでしょうか。

著　者：では３つの総合的なコメントを述べさせてください。（1）ご質問は、目標が明確に設定され、よくできた学生には適正な報酬が与えられるような、しっかりと構成されたコースは、おのずと非個性的なものでなければならないとの間違った仮定に基づいたものです。先ほど申しました通り、実際は逆だと我々の学生たちが言っています。おそらくこれは、学生たちがよく他の学生と交流し、助手学生と内容を話し合い、また必要な際には助手や教師の援助を受けるからだと思います。（2）我々のようなコースでは成績よりも理解することの方が重要だと、学生たちは言っています。つまりＡという成績は頑張った報いのひとつにしか過ぎないということです。（3）学生が「答えてみせ」なければならない「決められた答え」は教師の質問によって決まります。極端に言えば、質問が簡単すぎたり、逆に難しすぎるかもしれません。前者は訓練中のような状況で、後者は教師自身が助手学生の役割を担わなければならない個人指導のような相互関係の中で見られるかもしれません。どんな質問を学生にすべきかを、教師に指示するつもりはありません。

批評家：あなたのコースでは最初から最後まで内容を文字通りに理解すること、丸暗記の必要性、細部へのこだわりが求められていますね。

著　者：私のコースの内容を検証することなく、なぜそう思われるのかがわかりません。先ほど申しましたように、中には細部まで暗記することを求める教師もいるかもしれませんが、より高いレベルの学習の形跡を求める教師もいます。この手法はどちらのタイプの教師に使ってもらっても構いません。

批評家：学生の多くがＡを取ったということが、これが目新しいシステムであるということやこのプログラムを開発した人たちの熱意から生まれた結果であるということは疑わしいと思っています。

著　者：それは時が経てばわかることでしょう。

批評家：助手学生と学生、また助手と学生の間の会話では何が行われているのでしょうか。言語による対話、それとも交渉でしょうか。それは建設的な思考のやりとりですか、それともきわめて形式的なプログラム、自分で考えさせないで一方的に教え込む「過保護プログラム」ですかね。

著　者：「対話」の定義は「友好的な合意に達するための、特に政治問題に関する意見交換」です。「交渉」の定義は「合意を目指す相互の議論」です。これらのどちらも学生と助手学生（または助手）との交流には当てはまりません。彼らの会話の目的は合意ではなく、学生の理解度や能力の評価にあるからです。あなたが結託や腐敗を誘発する可能性を示唆するおつもりなら、私にはそれが起こらないことを証明することはできません（実際、助手学生を買収しようとした裕福な学生がいたことを知っています）。しかしうれしいことに、他の成績の良い学生同様、助手学生全員が信頼できる人物と言ってもいいでしょう。彼らを厳選し、役目に対してしっかりと研修すれば「交渉」の対象人物にはなり得ないのです。「過保護プログラム」に関して言わせていただくと、学生が「自ら考えたり行動したりする機会が与えられていない」ようなシステムを教師、助手学生、学生、またその他一切の関係者が長期間支持するとは思えません。

批評家：あなたのこの計画は、ある種の学生、おそらくやや頭の回転が鈍かったり、視覚型、またある学習法を好む学生にはうまくいくかもしれませんが、他の学生にはどうなんでしょう。あなたの手法で彼らは不利を被っていませんか？

著　者：おっしゃるような個々の違いのことは聞いていますし、学生の中でそのようなことがあることがわかっても驚かなかったでしょう。しかし私の知る限り、さらに我々の手法を受け入れるに際してこれまで誰も、そのような不利や有利が存在することを証明した人はいません。

批評家：与えられた課題を頑張って終わらせ、客観的で短い答えを求める30問のテストで満点を取ればＡの成績（４単位と評価点12点）がつき、来学期には助手学生として選ばれるかもしれないこと、また助手学生の任務をしっかりと果たせばさらにＡ（２単位）がもらえることを学生に伝えていないのですか？

著　者：伝えています。

批評家：これはプログラム学習の手法のようなものですか？

著　者：はい、いくつかの重要な点では似たものがありますが……。

批評家：それなら、気にくわないね！

（声が止み、照明が消え、最後にうめき声が円形劇場に広がる）

第24章
教育のあっけない終わり

本書で述べてきたような教育の最後の取り組みは、大学のあるクラスでのことであった。それはよくあるような、むさ苦しく飾り気もなく、入るのも憚るような教室であった。クラスは10人が受講していた。学生は全員が大学院の文学系修士課程の志願者で、1学期間で終わる実験心理学史のゼミ（私はそのような名称をつけて神々をなだめなければならなかった）（訳者注：セミナーはドイツ語で神学校という意味）を履修していた。

このコースは、偉人の著作から古典として有名な21作品を抜粋したものを学習用に15単元にまとめ、心理学の発展上主要な動向を教えようとするものである。どの課題にもそれぞれ補足コメントのページと数問の質問があり、学習すべき重要テーマを提示していた。

教授法は基本的には前の数章で記述したものであったが、授業のレベルや学生の状況に合わせて変更を加えた。学生の中には他の学生に比べて予備知識がかなり豊富な学生がいたからである。次の単元に進むには各単元を完全に理解する必要がある中、学生は自分のペースで単元をこなしていった。各単元のテストは月曜日の夕方（ゼミが予定されている時間）と、他にその週の内に2回、それぞれ2時間行われた。成績は個別面談も加味し、講師と大学院生の助手がつけた。面談は平均1人20分以内であったが、30分かかる場合もあった。テストは講読から重要ポイントを問う記述式であった。1問でも不正解であれば不合格にしたが、学生の理解不足が特定の分野やテーマに限られていた場合は、その箇所だけの追試を行った。

このような大学での意見交換に加えて、1学期間に6回程度、クラス全員を自宅に招待した。この軽食パーティでの会話は時には授業内容に及んだが、それが本来の目的ではなく、話題はしばしば脱線して、とりとめもない話もした。このパーティの唯一の趣旨は、学生たちが共通して好む雰囲気の中で教師との交流の機会を提供することであった。

その学期は10名中７名がコースを修了し、うち１名は１学期の２/３程度ですべて終了させた。また２人は学期末試験の週に数単元を仕上げてＡを取った。内容の完全把握という要求になじめなかったひとりの学生は、我々が出す試験問題を予想しようとすることなく、実際に終了した単元の数に基づいた評価であるＤに甘んじなければならなかった。

学生たちがこのコースを気に入ったとの確かなデータはない。相当な満足感を得たという意見はあった。教材自体は彼らのもっぱらの興味からはかけ離れており、週１回の授業に出席し学期内に１、２個レポートを書けばいい程度であろうとたかをくくっていたとしても、彼ら全員が、私が以前担当していた心理学史の受講生より懸命に勉強し、多くを学んだことだろう。２、３人の学生はもっと私の話を聞きたがっていたという噂を聞いた。しかし、彼らは私の自宅での軽食パーティに一度しか来ていなかったので、大して強い願望ではなかっただろうが。ともかく私にとってこのコースは成功であった。

私のこの最後の取り組みが、モールス信号の研修方法から大学においての教授法、そして現在に至るまで行ってきた、私の一連の教育的試みにおける最後のものであることを読者はわかってくれるだろう。またこれらの取り組みには共通した特徴があることもわかってもらえるだろうか。ひとつひとつの試みには、個々の学生がやるべきことに対して検討につぐ検討を重ねた。毎回高い目標を設定した。制限時間に幅をもたせて、その範囲内で学生が自らのペースで学んでいけるようにした。そしてコースの要件を満たしたすべての者に、最高の報酬を与えた。

しかし、モールス信号の授業は心理学史の「セミナー」とは相当異なったものであった。モールス信号ではある特定の刺激パターンに対して、即座に決まった反応をすることが求められる。言ってみればそれぞれの「質問」対し「答え」はひとつしかなく、素早く回答しければならない。

一方で心理学史のコースでは機械的動作はあまり必要がなく、より深い理解が必要とされた。出題方法は各学生により異なり、答えはひとつの概念枠から外れてさえいなければさまざまでよかった。独自性と創造性が推奨され、進歩を妨げられたり非難されたりすることはない。

教育界の複数の著名な書き手が、理想的な教育環境は１人の教え子に対して１人の教師、つまりマンツーマンであるべきと述べている。そのような例として、アリストテレスとアレキサンダー大王の関係や、ウィリアムズ大学のひとりの学生と丸太のベンチに座って語ったマーク・ホプキンズなどが好例として引き合いに出されている。

教育に関する他の大胆な主張と同様、これは一部真実かもしれない。ジェームズ・Ａ．ガーフィールド大統領が後に語ったように、彼とホプキンズ教授は互いの交流から得るものがあったかもしれないが、アリストテレスとアレキサンダー大王はおそらく違ったであろう。彼らの経歴や気質はあまりにもかけ離れたものであったと思えるからである。個別教授は、質問をするという特別な技能を必要とするだけでなく、そこにかかわる両者が理解と目的において密接な関係にあれば、最も効果的で満足を与えるものになる。

このような関係が、私の大学院の心理学史のコースには存在していた。助手も私も真の歴史家では決してなかった。私はせいぜい歴史の教師に過ぎず、助手は歴史を以前に習ったことがある程度であった。我々は学生よりも少しだけ前を歩いていたに過ぎず、時には成績評価のための面談の中で学生と同じぐらい、我々も学ぶことがあった。この点において、我々は助手学生程度の資格しかなかったが、大学１年生に初歩の行動分析学を教えていたなら話は変わっていたであろう。

コース自体はしっかりと構築された個別化教授システムであったと言えよう。このシステムでは読書課題がきわめて明確で、議論や評価の確かな基盤とするために記述式の反応（テスト問題の答え）が求められ、学生の評価面談に対する準備不足や教師が自分の出した課題を忘れるなどで時間を無駄にすることはほとんどなかった。

第25章
回顧と展望

私の教師生活は終わったが残念には思わない。TGIF という言葉が再び頭をよぎる。Thank God it's Friday!（ありがたい、やっと金曜日だ！）読者はもうお気づきだろうが、私の話のほとんどは、どちらかといえば失敗談である。しかし最後にはその辻褄合わせをすることができる。個別化教授システムの経験のおかげで、教師生活最後の日々は刺激的でやりがいのあるものになった。私の究極的失敗（あえてそう呼ぶなら）は、私の分野に身を置く人たちに対して、良い教育とは見せて学ばせる「ショー・アンド・テル」の問題ではなく、楽しくて効果的な学習環境を整えることであると納得させる取り組みの中にあった。

教師を始めて間もない時でさえ、悪いこともあれば良いこともあった。例をあげれば、私が40代半ばに学部生用の教育システムとして採用した強化理論がある。これは私自身の研究に意味を持たせるものであり、優秀な大学院生が私の元に集まってきた。ただ私は知恵やノウハウという点では学生よりさほど際立っているわけではなかったので、我々の関係から得られたことはあまりなかった。

人が何かを組み立てていく時の感情のように、私も日々の講義計画を練り上げていく中には充実感があった。また講義をするときにも、自分にとって問題だったことが明らかになったり適切な表現で説明できたりした時は満足感が得られた。また必ず、あるいはほぼ必ず、クラスにはしっかりと私の講義を聞いてくれる学生が何人かいた。さらに貴重だったのは、実験室、私の研究室、または通りの向こうの小さな喫茶店での学部生や大学院生との個別のふれあいであった。このような中から数多くの実験が考案・企画され、多くの問題が解決されたり保留されたり現実性がないとされたりした。そして今日まで続く多くのゆるぎない信頼関係が培われた。

一方、私の講義を聴く学生のほとんど、学部の一部のメンバー、他の学部の多くの教師、また一部の経営陣との関係は、快いものではなかった。集団授業の副作用は至るところに、特に学生に、顕著に見受けられた。お世辞やごまかし、陰湿な恨みや軽蔑、弁解や苦情、不正行為や盗用、課題の先送りやアリバイ作り。これらはどの学校でもそうだが、私の大学でも当たり前のように行われていた。

同僚の間ではコメニウスの手法がさまざまな方法で用いられていたが、本書ではそれは強調しないでおく。同僚の科学者や学者の業績はきわめて豊富かつ素晴らしいものがあるので、教師としての彼らのもろさ、すなわち自己欺瞞や妥協、人気取りの努力、わざとらしい策略、あるいは学生に対する無関心といったことを深く論じたいとは思わない。教育に関する問題を教員間で意見交換する機会はほぼ皆無であったことだけはついでに触れておこう。他の教師のクラス見学や教え方に興味を示すことは、その教師のプライバシーを侵害するような行為であった。純粋に親睦を目的とする会合を除けば、同じ学部（共通の目標を持っていた）のメンバーとしても、理事の裁可においても、また教員のミーティングや委員会においても、相互交流の機会はほとんどなく、特に教授法についての意見交換の機会は皆無であった。

ご多分にもれず、私も経営陣に対する不満を言った。書類事務、学報や勧告、成績表やレポートに関する電話、問題学生に関する会議などのすべてに腹が立った。頭痛の種は数えきれないほどあった。しかし、私の授業改善努力に対する精神的、財政的援助は主に学部長室から出ていたことは認めなければならない。これは、学部長自身が以前教師をしており、思い返してその時の失敗に気づき、より良い教授法の必要性を感じていたからかもしれないし、もしかすると学部長は、非効果的で非効率なシステムから生じた障害を修復しようとして自分の時間を費やしすぎたからなのかもしれない。状況はどうであれ、経営陣との関係すべてが不愉快だったというわけではない。

これら良いことも悪いことも、今はすべて過去のものになった。もう学生と個別でも集団でもかかわりはなくなった。今は９時の授業の準備をすることも、委員会の会議に出席することもない。教育の第一線からは引退した。自らの行動に対する説明責任を伴うことなく自由に本音を話したり、データの向こうにあるものを推定したり、体制側にやじを飛ばしたり、もっと良いものを夢見たりできる。これらはたやすく、いつでもでき、わずかではあるが強化は頻繁に起こる。なぜならそれらの強化は、基本的に自給されるものであるからである。

失敗は経験しているが、かつての職業の未来を考えて落胆することはない。水晶玉に私の昔の先生が映っている。例えば、山積みの論文が置かれている机の前に座る商法の教授。次に見えるのは、ジョークで笑わせてからムチを鳴らす数学の教師。最新の自著から何ページも読み上げていた歴史の先生。無方向性をうまく提示した「非指示的」教師。聴衆がいないかのごとく講義をしていた思いやりある学者。さらに無表情なまま学生を泣かせたり笑わせたりしたがメッセージはあまり伝わってこなかった教授。そして、講義は教科書の丸読みで、重要点に下線を引かせていた教師が見えた。私のリストは完全ではないし偏っているかもしれないが、読者の方も遠慮なくご自身の先生を付け加えていただきたい。

未来の教師は今とは異なった役割を持ち、今日の教師とは異なるタイプの人々から選ばれることになるであろう。教えることの有効性はわざとらしいテクニックと無関係でよい。高い学識は卓越した指導力と矛盾せず、そこから恩恵を受ければ良いのである。学生の学習状況の分析、学習各部の整理、学生の取り組みの評価において、未来の教師は自身の専門分野に対する意識を高め技術を向上できることはほぼ間違いないであろう。教える学生と教師がお互いに有益となる個人的なやりとりをするにはあまりにも知識レベルがかけ離れている場合は、信頼できてその働きぶりを監督できる助手や実習生のような橋渡し役を活用すればよい。

集団授業に終止符を打てば、異なるタイプの学生が出現するだろう。私が茶葉占いで読み取るところによれば、今後の学生は、老若男女、宗教や人種を問わず、課題の遂行や目標達成の推進に対して個々に評価、相談、指導、激励をする教師や助手と、ごく自然にかかわることができる自立した人間であろう。誇りと自尊心、独自の気質を持ち、創造力に溢れ、知識欲と向上心を備えている学生、また彼らがそのようであることをいずれ実証してくれるであろう人々に対して、心からの敬意を表することができる学生たちが、私には見えている。

未来の学生の教育に目を凝らすと、あらゆるレベルの学校内で、その周辺の地域社会で、そしてひいては一般的な家庭のなかに、今とは異なるものが見える。そこでは本書で記述したような失敗の余地はなく、素晴らしい光景が広がっている。

追　記

コメニウスに完全な公正を期して、これまで読者に隠していたこと（彼の書籍『大教授学』で発見したこと）を明かそう。それは、コメニウスの講義法による効果的な集団授業のための規定リストで第３章に記述しなかったものである。この偉大なモラビア人は下記のように論じていた。

「次のようにすればひとりの教師できわめて多くの学生に容易に対処できるであろう。すなわち、
（ｉ）全学生を例えば10人のグループに分け、それぞれのグループは１人の学生がまとめ、その学生はまたさらに１人のリーダーに管理されるという具合である」

なんてことだ、と思った。教育史の本でこの箇所を読んだ時には、第21章に記述したように、私はすでに10人のグループごとに助手学生をあてがっていたのだ。彼の他の規定（さらに８カ条が記載されていた）を読むまでは、コメニウスもそのような助手を使っていたように思えた。しかし読み進めていくとそうではないことがわかった。少しでもそのような考えを裏付けるようなことは他に一切見つからなかったからである。このことから、彼の一番の提案は、それが重要だと思ったからではなく、おそらくすでに慣行になっていたものに敬意を表す意図があったと私は結論づけた。

よって、私はさらに教育史やその先の本を読み進めることになった。そしてイエズス会の神父が書いた学事規定『*Ration Studiorum*』を読み、以前からの憶測を一部立証することができた。表題「学業への誘因」の

中に「対抗意識を司る共通規定」という章題があった。この中の２つの規定に私の理論は当てはまる。

「〔指導者が〕学生を**デクリオ**（訳者注：10人隊の隊長）と呼ばれる10人ずつのグループに分ける。そのうち３つか４つのグループは学力が高く勤勉な者たちで構成する。このメンバーは日々の復誦や反復学習で維持する学力水準次第で、そのグループにとどまることもできれば、下級の**デクリオ**のメンバーに落とされることもある。

各グループで、誠実さと学力からリーダーを決める。リーダーの役割は、自身のグループの復誦を聞くこと（リーダーは上級リーダーまたはトップの指導者に復誦する）、グループをまとめ上げること、覚えた内容を聞くこと、そして完璧に覚えていた者、暗記が不十分だった者、またまったく覚えていなかった者、および欠席した者を記録することである。さらにリーダーは、筆記課題を集めること、そして提出しなかった者、あるいは不完全なものやインクのしみで読みづらいものを提出した者を記録することである」[注34]

読者はよくおわかりだと思うが、私は自分の学説を主張しない。私の説が正しいかどうかは他の人の判断にお任せするが、コメニウスには助手がいなかったように思える。初期のイエズス会の教育方法に関しては、他の人がまだこれから研究し判断する別の問題なのであろう。

注

1.（2章）『*Psychology from the Standpoint of a Behaviorist*』1919年初版発行　発行者 : J. B. Lippincotto & Co.（私の所有は1924年版）

2.（2章）心理学部長のE.G.ボーリング教授はきわめて多忙で、私が与えられたのは正確に5分間。デスク上の時計で計測されていた。

3.（2章）20世紀の心理学の功績者のひとりであるB.F.スキナーは、ハーバード大学在籍8年で、大学院および研究職に従事していた。1928年から1931年まで著者と大学院生活を共にし親友になった。スキナーは現在，ハーバード大学心理学部のエドガーピアス・プロフェッサーとなっている。

4.（3章）レオナルド・カーマイケルは、1921年タフツ大学を卒業し、1924年ハーバード大学で博士号を取得。心理学者として輝かしい道を歩む。その後タフツ大学の学長、スミスソニアン研究所長、ナショナルジオグラフィック協会の副会長を務める。故人。

5.（3章）著名な社会心理学者であり心理学史研究家であるガードナー・マーフィーとは、短期間ではあるがコロンビア大学に著者と共に在籍していた。1979年没。

6.（4章）コメニウスの引用文は、ルエラ・コール著『教育史 : ソクラテスからモンテッソーリへ』（Rinehart & Co., ニューヨーク, 1950年発行）から発見した。

7.（5章）私が書いた『*Summers and Sabbaticals: Selected Papers in Psychology*』から引用（リサーチ・プレス版, イリノイ州シャンペーン, 1977年)。

8.（5章）フランス語教授ウイルバー・M・フロホックと哲学教授チャールズ・フランケル

9.（6章）当時は学生、現在はアイオワ大学教授のハロルド・P.ベクトールド。

10.（6章）スポールディング・ロジャーズとロバート・E.トーブマン。スポールディングはコロンビア大学で博士号取得。ロバートは大学院生であった。

11.（６章）特に陸軍省に勤務するためにアイオワ大学を休職したドン・ルーイス博士による。

12.（６章）注釈７参照。

13.（６章）注釈７参照。

14.（７章）多くの人から慕われたハリー・J.カーマンが学部長であった。

15.（７章）ヘンリー・E.ギャレットは私を支持してくれた学科長であった。

16.（７章）ドナルド・H.ブロックとフレデリック・C.フリック。

17.（７章）マウントホリヨーク大学で、長期にわたり輝かしい経歴を持つ。

18.（７章）私が誇りに思う友人で熱心な科学者、そして最も優れた教師のひとりであるW.N.ショーンフェルドは、現在はニューヨーク市立大学のクイーンズ大学に在籍している。コロンビア大学での基礎実験コースの成功は彼の功績が大きい。

19.（８章）ニコラス・McD.マックナイト。

20.（11章）ホーランド、J.G.&スキナー、B.F.著『行動分析学』（McGraw-Hill Book Co., ニューヨーク, 1961年）

21.（12章）当時すでに優れた教師で活動的リーダーであったキャロライナ・マーチュセリ・ボリは、まもなくブラジルにおいて行動科学の分野における中心的人物となった。1961年に築いた友情関係は、本書の第17章とその後の章に記載した共同プロジェクトへと発展した。

22.（13章）ロドルフォ・アジは、私のサンパウロでの使命の成り行きに貢献してくれた。卓越した教師で前途有望な研究者であり、第17章とその後の章に記載した教育プロジェクトの中心的人物となった。

23.（14章）フルブライト制度を通して私の後任としてサンパウロ大学に来たJ.ギルモア（ギル）シャーマンは、後にアリゾナ州立大学で私の同僚となり、我々はブラジルの教育プロジェクトのアメリカ版を開発した。この我々の個別化教授システム（22章参照）が今日の教育界で広く知られるようになったのは、その後のジョージタウン大学でのギルと助手の手腕によるものが大きい。

24. （14章）マリガリーダ・ウィンドホルツはサンパウロ大学を退職したが、今も研究を続けている。

25. （14章）同じくサンパウロ大学のマリオ・ガイディはブラジリア大学で実験室を設立し（20章参照）、長年にわたり行動科学の理念の研究を進めている。

26. （14章）サンパウロ大学リベイラン・プレト校のイザイアス・ペソテッィはイタリアからブラジルに帰国し、その大学の心理学分野の指導者になった。

27. （14章）パイオニアの中で忘れてはいけないのがドラ・フィックス（ベンチュラ）で、すでに記述したが現在はサンパウロ大学に在籍している。またマリア・アメリア・マトスもサンパウロ大学に在籍している。マリア・イネス・ロチャ・シルバ（レイシー）は現在アメリカ在住。ドラとマリア・アメリアはコロンビア大学の博士課程に進んだ。マリア・イネスはインディアナ大学の修士課程を経てサンパウロ大学に戻り、博士課程に進んだ。

28. （18章）心理学の個別コース。『*Summers and Sabbaticals*』から引用。注釈7参照。

29. （20章）1964年にコロンビア大学を退職後、著者はギルモア・シャーマンと共にアリゾナ州立大学に移籍した。この大学の心理学部の学科長アーサー・J.バックラックと学部長カール・H.ダネンフェルドは、革新的教授法を続けるよう奨励してくれた。

30. （20章）修士課程候補生の中で、ルイス・オタビオ・デ・セイシャス・ケイロス、ラケル・ロドリゲス（ケルバウイ）、ジョアン・クラウディオ・トドロフは、サンパウロ大学から我々に同行しアメリカに来た。ルイス・デ・オリベイラは、我々がブラジリア大学に着いた際にはすでに在籍しており、すぐにグループの活動的なメンバーになった。その後全員が博士号を取得し（トドロフはアリゾナ州立大学で、他はサンパウロ大学で取得）、今では全員がブラジルで尊敬を集める指導者である。

31. （20章）ジェームズ・ラッセル・ナザロと彼の妻は我々が離れる少し前に到着し、ロバート・ベリーマンはその後まもなくブラジル入りした。全員が生まれたての学部をより豊かにする経歴と技術を持ちこんだ。

32. （20章）ブラジルの大学生はすでに入学時までには専攻分野を決めており、その必須条件を満たしていた。

33. （23章）批評家のコメントと質問はほとんどが実際のもので、著者のセリフは一部を置いて、私自身が実際に返答したものである。

34. （追記）『*St. Ignatius and the Ratio Studiorum*』E. A. Fitzpatrick 著（McGraw-Hill Book Co., ニューヨーク, 1905年）。注釈 6 参照。特に The School of the Jesuits の p.312-325参照。

付録A

1965年９月５日イリノイ州シカゴで開催された第73回アメリカ心理学会年次総会で発表された論文。これは**個別化教授システム**に関する最初の報告であり、心理学分野の同僚に向けて書いたものだ。アメリカでそのシステムがどのように具体化していったかの詳細を知りたい読者、また効果的な教育について軽い興味以上のものを持つ読者も歓迎する。

1965年、アメリカ心理学会のフィラデルフィアでの会議において、私は心理学の新しい型の入門コースの概要を話した。コースの成り立ちを簡単に述べ、その基本的な手法についていくつかの試験的施行が進行中あるいは計画中であると述べた。そういったコースが、新しくなったブラジリア大学で1964年、通常の学術的なカリキュラムの中で初めて施行されたということを、今日、聴衆の皆様は（ロドルフォ・アジから）聞いた。

ブラジリア大学で試験的な授業を計画していた時は、北アメリカで同様のことを行うには時期尚早だとの思いがあった。障害が多すぎると感じていたのだ。我々はどうすれば１学期の講義数や授業数、必須出席数、成績表の頻度、また試験実施日に関する「法」をくぐり抜けることができるのかがわからなかった。たとえ、もしそのような規則が一時的に適用されなくなったとしても、どうすればそのようなコースが予算に負担をかけることなく、つまり高い助手を大勢雇ったり、作業場や実験室を拡張したりしないで、また少なくとも標準授業量を一時的に削減することなく運営できるのかがわからなかった。

今言えるのは、それらの不安はあまり根拠がなく、ほとんどの障害は乗り越えられるということである。この基礎コースの必須条件についての考え方を少し変えてみること、ある程度の学科の柔軟性と寛容性をもつこと、好ましい大学の運営を行うこと、それらがあれば、大衆教育といわれる我々の教育界においても、完全な個別化教授を提供できるのである。

アリゾナ州立大学で、前学期にこの手法を用いた２つのコースが実施された。ひとつはブラジリア大学において導入の役割を積極的に果たしたＪ．Ｇ．シャーマン教授が行なったもので、もうひとつは私の授業であった。これらの試験的授業は、ブラジリア大学での授業に似たもので、コースの最初から最後まで学生を自分のペースで進ませるものであった。それは、講義、デモンストレーション、協議、討論、実験から生まれる一切の教育的価値を損なうことなく各単元を完全に理解するというものであった。２つの試験的コースは似たような結果になったが、コースの手法、内容、スタッフの詳細には違いがあったので、私のコースだけを説明しておこう。

心理学の初歩を学ぶ実験中心の１期のコースが２クラスに分けられ、その94人の学生が最初の受講生となった。ほとんどの学生は１、２年生で、全員が学部の専攻科目のために設計され、システム化したこのコースを選択した。男子と女子が混ざったクラスで、知的能力や成績はさまざまであった。

このコースのスタッフは、講師以外には実験助手と教室助手がおり、これは２つに分けたクラスの通常の人員であった。これに、前学期に従来の教授法で開講された類似したコースの成績上位20名の中から男女それぞれ５名ずつ10名が指名され、助手学生として加えられた。彼らはこのコースの発端と目的を熟知しており、無給で働くつもりでいた(後に大学側が認可し、僅かではあるが時給が支給された)。８名は１学期中働いたが、２名は自分の勉強に追われて辞めざるを得なかった。

この企画の準備段階において、前学期の教材を、難易度はほぼ変えずに20単元に分割した。単元ごとに標準的な宿題としての課題が与えられた。課題として簡単なプリントを１枚手渡した。このプリントには、各単元の重要点、難しいと予想される箇所の説明、および前の単元と次の単元とのつながりを記載した。各課題に対して、数種類の回答形式がある達成度テストも作った。初めの数単元のテストには、15 ～ 40問の正誤問題や穴埋め問題に加えて、１問の記述問題を出した。その後の単元のテストでは短い記述問題だけの場合もあった。そして多くの単元にはガリ版刷りのボーナスを用意した。それはパブロフの自伝、記憶とその向上に関するもの、学生が読める範囲内の行動療法に関する記事などであった。これらは課題ではなく「知識を豊かにする」もので、試験問題に関係するものではなかった。

一連の講義とデモンストレーションも企画したが、それは相当量の単元をこなしたことにより出席する権利を得た学生に向けた、コース内の骨休めとしてのものであった。講義を録音し、いくつかのデモンストレーションは繰り返し行われた。こうすることで、後に権利を得た学生も望めば体験できるようにした（そのような学生はほとんどいなかったが）。テスト問題は講義からもデモンストレーションからも出題しなかった。講義やデモンストレーションの実施目的は動機づけであり、出席は必須ではなかった。

初めての試みであったので、各単元のプログラムに実験を組み込むような規定は設けなかった。その代りに学生は個別に実験を行い、コースの他の部分とは別に評価された。

最初の授業の際、コースの発端、目的、達成目標などを説明した。それからガリ版刷りのコース概略を渡した。それはコースの進め方、スタッフの役割、学生が成功を収める秘訣を書いたものであった。その後、助手学生を紹介した。その助手が学生に最初の講読の課題を与えた。そして講義やデモンストレーションが行われていない時は教室を使って勉強するよう促した。

この長い前置きの後、実際にコースを開始した。講師陣が学生に会うのは前学期同様、火曜日と木曜日の75分間であった。しかし２、３週間後、学生の要望により２時間の学習の時間が追加され、毎週土曜日の午前中に試験を行うことになった（その後の学期では、水曜日の午後も試験日に加えられた）。

試験は近くの教室、時には普段の教室で行われ、助手学生が担当した（全体の進行を早めるため、やがて試験はグループで行い、成績評価は個別に行うようにした）。毎回試験後すぐに答案用紙が返却され、答え合わせが行われた。全問正解すると次の課題、そして実績に対してボーナスの資料が渡された。1、2問間違った時は、次に進むことを阻まれる前に、学生に言い分を主張する機会が与えられた。その際に何かで揉めれば（稀なことではあったが）、その件は助手に判断が任せられた。試験に落ちた時は、助手学生は学生と試験について簡潔に話し合い、特に勉強しなければならない箇所を指摘し、次の試験の準備をするよう指示して送り出した。すべての試験結果と評価は記録された。記録は、各授業の終わりに教室助手に手渡され、彼が全記録、試験、提出物、またその他の資料の管理を担当した。各助手学生が担当学生の評価を行っていたが、忙しい時期や土曜日は、他の助手学生や教室助手が代わる場合もあった（稀ではあったが講師自身が評価したこともあった）。

十分な数の学生（例えば50％）が一定数の単元の試験に受かれば、その学生たちに講義やデモンストレーションを行った。たいてい数日前に告知した。その学期には、講義かデモンストレーションを合計10回行った。それに加え、少人数の学生（希望者）と進歩が注目に値する学生に対して、討論会を2回催した。

大学の慣例に則り、期末試験は学期の終わりに行われ、その後、全学生に成績がつけられた（むしろしっかりと考案され構築された評価方法がある方がよかったのだが）。最終成績は、期末試験が25％、実験が25％、そして残り50％は合格した単元の数に相当するようにした。もし20単元すべて合格すると成績はA、19単元はAマイナス、18単元ならBプラスというように評価した。学期の終わりの時点で20単元すべての合格には達しなかった学生は「未達成」という成績評価を選択することができた。この「未達成」の状態は、2週間の特別な追加期間、または次の学期に勉強し試験に合格すれば、不合格を取り消すことができた。

通常授業が終了する少し前にアンケートを作成し、出席していた全学生に配った。無記名による20の質問で、質問紙の最後に自由に意見を記入できるようにした。学期最終日より前に全課程を終えた学生には、講師が簡単な面接で意見を求めた（この評価の結果は「落第」した学生の意見を含んでいないため、おそらく正方向に偏っているであろう）。

この研究結果は、さまざまな方法や違った観点から論じることができる。まず最終成績結果は、以下の分布となった。授業登録した94名中41名はA、13名はB、1名はDを取った。そして3名はE、つまり落第した。Cはいなかったが、このコースから別のセクションに移った2名がCを取った。15名の学生は、一度も出席しなかったか、理由は定かではないが早期に登録を取り消した。残りの「未達成」状態にある19名中10名は、特別な2週間の追加期間で成績がついた。9名はおそらく秋の学期にこのコースを再度受講し、残っている単元をこなしていくであろう。

アンケートから判明したさらに注目すべき点は次のようなものだ。従来の講義、あるいは講義と実験がある授業と比べて、この手法ではより高いレベルの課題遂行力が求められると思うかという問いに対し、46％はかなり高いレベル、45％は高いレベル、9％はほぼ同じレベルが求められていると感じていた。求められる詳細な記憶量に関しては、19％が他の授業よりはるかに多い記憶が求められる、38％は多くの記憶、そして22％は同レベルの記憶が求められるとした。基本原理について求められる理解に関しては、44％が他の授業よりはるかに深い理解を求められるとし、41％はより深い理解が、そして14％は同等の理解が求められていると答えた。この手法は学生をより高いレベルで一個人として認めているか、に関しては、55％ははるかに高いレベル、33％はより高いレベル、4％はほぼ同等のレベルで認めているとした。授業はどれぐらい楽しかったかについては、48％が他の授業よりはるかに楽しかった、32％がより楽しかった、そして17％はほぼ同等であったと答えた。

さらに、コースが進むにつれて勉強の習慣に改善が見られた、課題を完全にこなすことへの自信がついた、講義を聞きたいという欲求が増した（！）、試験に向けての姿勢が良くなった、などの意見が見られた。このパーセンテージの値は、上述した問題についてと同様に、これらの問題についても説得力がある。

学生と助手学生の関係に関しては、94％の学生が、助手学生とのテストの見直しが役立った、またはきわめて役立ったと答え、79％は助手学生との勉強以外の個人的関係は重要またはきわめて重要と答え、90％は助手学生がテストを行い、成績をつけ、答え合わせをすることが望ましいと答えた（64％はきわめて望ましいと答えた）。

34名の学生が、アンケート用紙の最後にコメントを残した。コメントのうち３つは否定的と解釈されるようなもので、少なくともひとつは些細な問題に関するものだった（例えば、助手学生と話すのに列に並ぶ必要があったなど）。その他はおおむね肯定的で、時には熱く語っていた。８名は他のコースも同じ方法で実施してほしいと書いていた。総括して、これらのコメントは単にアンケートの回答を再認識させるものであったが、学期間中にスタッフに伝えられた意見に新たな裏付けを与えた。

まだ初歩段階で荒削りであろうとも、我々の手法が非常に高レベルの教育の制御を確立したことは今、明らかになったように思える。最初は、例えば、すべての単元のテストの必須性や厳格さ、新しい手法の奇抜さ、これまでのような規制がないというあまりの自由さによって、何となく嫌悪感が先行していた。しかし何週間か経つうちに前向きな形となっていった。コースの空気は、勤勉、協力、高質のユーモア、自尊心などで満たされた。進行速度の早い学生だけでなく遅い学生も、明らかに課題達成に対する誇りを感じていた。試験自体も喜んで受け入れ、また楽しんでさえいるようであった。また新しい課題を与えられるのは名誉に思われていた。実際、試験に合格することへの関心が大きすぎて講義への出席に支障さえ出ていた。講義を聞くことの特権を与えられることが、講義そのものよりもより重要な強化子のようであったし、またその特権を与えられた学生が多くの叡智を獲得したわけでもなかった。

上記に記載した授業においては、教育的な制御をもたらす多くの強化随伴性がある。どれひとつをとっても新しいものではないが、それを組み合わせたものはおそらく珍しい。その顕著なものは、学生と助手学生との結束に関するものだと思われる。助手学生の役割はこのシステムには不可欠なもので、多くの面で羨望の眼差しを受ける。助手学生は上級生として、学術的のみならず社会的なステータスを得られるが、これは大学院生や講師にはないものである。優しくて思いやりのある兄のような存在になることはたやすいことで、助手学生の親切心は切望され、アドバイスは真剣に受け入れられ、判断は規範になり得る。成績をつける試験や試験結果に対する話し合いを通じて、助手学生自身の理解が深まり、それによって彼のアドバイスはより効果的になる。難しい課題や設問の悪い試験に対して責められることもない。単に学生たちが試験で受けた被害の修復を手伝うことが役割なのである。各単元の試験であろうと学期末試験であろうと、もし彼らの採点が厳しければ、それは学生のことを思ってのことであろう。また彼らの成功は結局のところ、彼らが担当する学生たちの成功にかかっていることから、学生に対し寛大になりすぎることはない。これに勝る教育研修はおそらくなかろう。去年の学生が今年、助手学生になりたがったり、去年の助手学生が今年再び助手学生になりたがるのは驚くべきことではない。

別の強化子は、段階的手順である。各単元は前単元をクリアした上で進んで行く形で、学生は目標に向かって一歩ずつ進むことができる。他の因子は、コースの資料がシステム化されていることで、学生が学ぶ新しいことはすでに学んだことを基盤としたものになっている。他にもいろいろな因子がある。従来の教授法の長所で、この手法に欠けているものなどほとんど見当たらないだろう。

一方で、従来の教授法の多くの欠点が解消または大きく軽減された。

例えば落第の恐怖である。そのような恐怖は、講義の中途半端な理解、読解問題のやり残し、授業の集中不足、授業の欠席（理由は何であれ）、相対評価による成績、以前の試験の失敗、課外活動への興味、あるいは、その学生の成績を左右する立場の人間からの非人道的扱いなどから生まれる。

この手法は、確実に多くの改善が可能である。実験は単元の流れに沿って行うこと、試験内容と講義内容の間に矛盾をなくすこと、試験は質、種類ともに改善し、見直しに重点を置くようにすること、自習室や試験環境を向上させることなど、枚挙にいとまがない。まだ始まったばかりなのだ。

我々の手法の適用範囲に関しては、おのずと限界が明らかになってくるだろうが、現在の短期間の試行からわかったのは、大学レベル以上であれ以下であれ、学生はうまくやっていくだろうということである。今後の発展に関して述べるのは時期尚早と思われる。しかし、もし老若男女、学力レベル、国籍を問わず、すべての学生に対する教育が無駄で、効果がなく、嫌悪感を持たれるものでなくなる日のことを夢見始め、そして世界中の教師が尊敬と愛情に値するようになった時には、皆さんは私を赦してくれるに違いない。

付録B

ワシントンD. C. 公立学校の改革

多くの教師が個人的にPSIを利用し、支持者や促進者が努力したにもかかわらず、指針やプログラムというような学校自体のシステムへの影響はあまりなかった。学校の全般的な改革が求められるのであろうが、それを実際に行うのは困難である。

これはごく当然のことである。それが教育であろうと他のものであろうと、官僚組織の一番の関心事は、その組織の存続にある。そして我々の教授法が求めていることは、その基本組織の根本的な改革である。しかし、時には落胆し、理想的な教育の扉を目指すよりも安易な方法を夢見ることもある。下記は、1976年6月に行われた、メリーランド州シルバースプリングにある行動学研究所実験カレッジの第3回卒業式でのスピーチである。

約2カ月前、ワシントンD.C.の公教育の酷い側面についてお酒を楽しみながら話していた時、私の隣人に軽はずみなことを言ってしまいました。私は彼女に偉そうにこう言いました。「この都市の効果的教育の問題は簡単に解決でき、それを可能にする技術もあり、10年以内には実現でき、しかも追加予算を必要としないどころか今よりも低予算で実現可能だよ。そしてそれは学生、教師、両親、また（おそらく）学校の上層部をも満足させることができるんだ」と。

酔いが回っていたのか、さらに続けました。「新しい装置も巨額の助成金も、オフィスや秘書付きの研究者の大集団も不要だよ。必要なのはWatts Lineという頭字語とロゴマークだけだね。実際、私自身がこの仕事をできるんだ」と断言してしまったのです。

この時、彼女が私の話を遮って、「じゃあ、なさったら？」と問いかけてきました。

そんな質問は馬鹿げていると彼女に言いました。私の手法を学校に、特にワシントンの学校に導入できるどんな機会があると彼女は思っていたんでしょう。私にはそんな力はありません。味方もなしに閣僚の反対に直面しながら、権力組織の外側からやってきた男がそんな状況で何ができるというのでしょうか。絶対に無理です。

そしてもう少し専門的に話しました。行動学と教育機関には接点がないことなど。しかし私のどの意見も彼女を怯ませたり黙らせたりはできませんでした。

「教育委員会に提案されたらどうですか？」

「冗談でしょう」と私は答えました。

「保健教育福祉省から研究助成金が出るかもしれないですよ」彼女は言いました。

教育局は、失敗するのが確実な研究にしか助成金を出さないんです、と彼女に説明しました。ここは許可する研究の計画に制限を設けることを通じて助成金を出していたのです。こうすることでこの機関の機能の継続が確約されていたのです。

この説明が彼女を黙らせたように思えましたが、夕食が始まると最後の一撃がきました。「もし何かできるとして、この状況に対してあなたは何をしますか？」

その晩はよく眠れませんでした。起床時間には、彼女の質問に対して答えを書くことを決意していました。午前中すべてを費やして答えを書き、彼女の郵便受けに入れました。

ここにご紹介するのがワシントンＤ.Ｃ.の教育改革について書いたほぼ全文です。先に言っておきたいのですが、小学校の教員をしていた私の娘は、これは馬鹿げていると言っており、もっと実践的知識のあることに専心した方がいいと忠告しました。このとき初めて、娘が既存の教育システムに屈服していることを知ったのです。

必要条件

1．３名の経験豊富な小学校１、２、３年生の教師（低学年の子どもたちが何をどのタイミングで学ぶべきかを知っている、中年で真面目な人が望ましい）。この教師は他の業務をする必要がなく、喜んでこのプロジェクトに参加することを望んでいなければならない。
2．平均的な小学校１年生に対する適切な装置、空間、設備。特別なものは必要ない。
3．事務所、有能な速記者、でなければ少なくともタイピスト、および豊富な事務用品（タイプができる秘書でも可）。
4．標準的な小学生１クラス。メンバーは問わない。
5．アドバイザー（私）の監督の下、学校が始まる前に２カ月間、教師に有給のフルタイムの準備期間を与える。
6．プロジェクトの開始と遂行に対する学校管理者の無条件のサポート（サポートについては下記に示す）。
7．宣伝活動や迷惑行為は一切ないこと。
8．コンサルタントとして日給が支払われるアドバイザーの匿名性を守る。
9．職員のタクシー代や臨時の昼食代、その他諸経費。

手続き

1．最初の２カ月は最初のコースの準備をする（これ以降のコースは最初のコースが始まってから開始される）。まず内容を決定する。納得のいく形で遂行できなかった場合は、その授業内容を分析する、授業に必要な資料を収集する、さらに、教師は使用する教授法の詳細について研修を受ける。
2．１年生の授業は学校の初日に行う。子どもたちがより高いレベルに移行するまで、またはこのプロジェクトが終了するまで続けること。教師は常にアドバイザーとの連絡を密にすること。学校管理者は、週間報告書や授業を観察しで常に現状を把握しておくこと。

そして学校管理者は、アドバイザーによる完全な承認と詳細にわたる監督がない限り、他の教師にこの手法を採用することを勧めない旨に同意すること。また、同様の制限なしに、他の教師はこの手法を、たとえ一部であろうとも一切使用することを許可されるべきではない。

3．教育で使用するシステムにおける一般的な特徴のみをここに提示しておく。詳細な手続きは、それぞれの授業の文脈の中で、特定の教師の支援を得て起案すること。この企画の重要点は下記の通りである。

子どもたちはそれぞれ緩い規制の下、共通の短い単元を自分のペースでこなしていく。子どもの進捗が遅いからといって責めたり罰を与えたりしてはいけない。また逆に速くても過度に褒めてもいけない。

コースの各単元は、次の単元に進む前に完全にマスターしなければならない。マスターしたことを示すためには、試験に合格しなければならない。ただし不合格になっても、助言を受けて準備ができれば、異なる形で再試験を受けるだけのことである。試験は、子どもの目の前で、できれば1対1で採点すること。進捗スピードは、決して他の子どもと比べてはいけない。間違いがあまりにも多い場合は、教師が必ず気をつけて補習を考慮すること。

ほとんどの成績は、教師の注意深い監督のもとに助手児童がつけること。助手児童とは、その単元をすでに勉強して完全に理解している子どもで、他の子どもの課題を採点できる能力があることを教師が確認した子どもである。

試験に合格した子どもへの褒美は、従来の授業のものとほぼ同じだが、いくつか大切な追加点がある。例えば友人からの激励や助手児童からの褒め言葉などである。これが、学校教育の世界で最もおろそかにされている動機づけの力である。

期待される成果

小学校レベル（米国、ラテンアメリカおよびヨーロッパ、また他の地域において）では、他の研究で示された下記のような成果が期待できる。

1．この年少の学習者は、校内の他の１年生よりも早くやる気が高くなる。
2．２年分か、場合によってはそれ以上を１年くらいで終わる子どももいるだろう。その場合は２年生や３年生レベルの勉強をさせる。
3．このプロジェクトの小学生は、他の者より成績や達成度テストで上回るであろう（助手は一番よくできる者がなる）。
4．このプロジェクトの教師は、以前よりも仕事が楽しくなり、彼らの専門分野にこの手法を使うことにより大きな満足感を得ることになるだろう。
5．これらの教師は、学校でさらにこの手法をより広く展開し、最終的にはシステム全体に革命を起こす先導者となるであろう。

以上が、私が書いたことである。隣人がそれに対してどう思ったか、まだはっきりとは知らない。もしかすると私のことを人生の現実を知らない、特にワシントンの学校教育について何も知らない夢想家、理想主義者と決めつけたかもしれない。もしくは、学年間の境界線を壊したり、小学生と教師の比率（これは起こり得る）を引き上げたり、教師の仕事を子どもにさせたり、また教室内の集団の和や社会性の育成（教育者が学習のコントロールができなくなって以来、賞賛されているもの）を排除したりすることにより、教育システムを弱体化させようとする厄介者と見なしたかもしれない。もしくは、まったく否定はしなかったかもしれないが！

＊＊＊＊＊

教育に改革をもたらすにあたり、道具や統計的設計を苦心して作り上げる必要はないのである。教育の専門家が使う専門用語、偉大な財団の援助、高い税金の徴収、派手な広告も不要だ。必要なのは、行動において最も重要な法則を理解すること、そして捨てなかった信念である。目の前にある実用的な作業の分析と、学びたい者の意欲に関する幾ばくかの知識も必要である。その後は、何ができるのかを示す機会が必要なだけである。つまり、ある特定の条件下では、自然の摂理の効力により学習は生まれ続けるのである。小学1年生から最終学年、そして永遠に。

付録C

コミュニティ・ラーニングセンター

この「夢」は1976年７月にマニトバ州ウィニペグで開かれた「コミュニティにおける行動変容についての米州会議」で報告されたものである。正規の学校教育の領域を超えて、今ある社会構造の中でさまざまな形で活用できるPSIの可能性のひとつを象徴的に表している。

ここ数年、私は同じ夢を繰り返し見ていて、それに悩まされるようになっています。事の始まりは、ある晩、ロドルフォ・アジとサンパウロのサン・カルロス・デ・ピニャル通りにある共通の友人宅において、ブラジルのアマゾナス州のコミュニティについて長い議論をした時で、それ以降同じ夢を見続けています。ここは、精神分析学者ではなく行動分析学者の会合ですので、この夢についてお話ししようと思いました。何はなくとも、きっと皆さんが私をこの夢から解放してくれるだろうと思っています。

どんな夢かというと、アメリカの南部の都市にある古い家が地域のラーニングセンターに改装され、そこで、近くの大学や公立学校では教えていない多くのことを教えているのです。ここでは短期のものから長期にわたるものまで、例えば自転車修理、絵の額装、製本やその他日曜大工レベルの技術から、春分点歳差運動や1212年の子ども十字軍といった、ちょっと変わった、あるいはひどく難解な知識まで、多岐にわたります。車の運転を学ぶ人のための道路交通法、所得税の対策、ヨーロッパの７つの首都の注目すべき場所、サウスカロライナ州の昆虫、鳥、植物の授業などもあります。

このセンターには定年退職した後ほとんど無報酬で働いているディレクターもいれば、高給で多くの仕事をこなす所長もいます。また定年後に事務員として働いている人もいれば、多くの責任を担っている若い事務補佐もいます。事務と事務補佐は、記録係、会計係、図書館員、ハウスキーパー、電話交換手としても働きます。

このセンターの講師陣は地域社会から選ばれ、彼らが教える学生も地域に住んでいる人です。講師は若い人もいれば高齢の人もいる、既婚の人もいれば未婚の人もいる、そして性別、人種、経歴、学歴や学位などさまざまです。講師に最も必要なものは活用しやすい豊富な知識、あるいは熟練した技術、そしてそれを他の人にも伝えようとする意志です。学生に最も必要なものは知識欲と授業内容に関する十分な予備知識です。

多くの講師と学生は定年退職者で、時間が自由になります。時に講師は、教えることや人の役に立つことに素朴に喜びを感じます。一方学生は、何か新しいことを学ぶ、あるいは独自の具体的目標を持って学ぶことに喜びを見いだします。あるコースを教えている講師が、別のコースでは学生になっていることもあるでしょう。

センターの講師は全員、教え始める前にワークショップに参加します。このワークショップは、ディレクターが所長の支援を受けて行うもので、PSI（個別化教授システム）の中でも、大学の教員研修用に開発された手法を使用します。

センターは独立採算制、またはそれに近い形で運営されます。学生は単元テストを受ける前に、単元単位で授業料を支払います。集められた授業料は、まず賃料と維持費に充当されます。次に所長と事務員の給与に使われ、最後に講師の給与となりますが、講師のうち何人かはその給与をセンターに返金し、スポンサーとなります。

学生全員や一部の学生グループがクラスにやってくる時間は決まっておらず、単元テストを受けるのは各学生の準備が整った時であり、さらにセンターの学生と講師の人数が増えてくると、学生と教師間、あるいは学生と助手間の連絡体系が時には問題となります。センターの電話（現在は２回線にしました）はほぼいつも話し中です。しかしながら計り知れないほどの善意も生まれ、解決できない問題はほとんどありません。

単元ごとに支払われる授業料から、興味深い効果が得られています。コースの中には、コースが完了するかなり前に打ち切りになるものもあります。学生が、単元の内容やコースの進め方などの観点から、得るものが授業料に見合わないと感じた場合です。学生や助手からの意見を無視し続けた講師は、時には教える授業がなくなってしまいます。一方で、質の高い教材や優れた手法があれば、学生の興味は尽きることなく、時にはコース終了時を超えて継続することもあったのです。良い教えは報いられます。

センターでのカリキュラムはいつも変化します。あるコースは受講者不足でなくなり、時々しか開講しないコースもあります。このコミュニティには、新たに才能ある講師が登場することもあれば、立ち去る講師や、他の理由で仕事を辞めざるを得ない講師もいます。あるコースの需要が減る場合もありますし、新しいコースが求められることもあります。開講の要望があっても、私たちには応えられない案件が常にあります。また声がかかるのを待っている講師も常にいます。時には希望者が多すぎて、受講者数の上限を決めなければならないコースもあります。学生の授業料でセンターが運営されているので、本当はこのようなことはしたくはないのです。

助手が教えるということが、我々のコースの手法の中心的特徴です。助手の知識や能力に学生とさほど大きな差がない場合、またはコースの開始時で助手を決めていなかったり、前のコースから助手を見つけられなかった場合には、講師が教えるときもあります。いずれにしても助手の役割は過大評価されることはありません。

助手を雇用する学校教育ではよくあることですが、このセンターの助手も、ある学生からは単元テストの採点が「厳しい」と、またある学生からは「優しい」とされていました。しかし彼らは全員、講師の基準を満たさなければなりません。コースの学習テーマについての理解度を高く評価された助手もいれば、公平さ、正直さ、聞く姿勢を褒められた助手もいます。能力不足と判断された助手は皆無です。そこで誠実さが育ち、維持され、個々の違いは認識されても誇張はされず、講師を含む全員が、このシステムの中で名誉ある地位を得たのです。相互依存、相互報酬、そして相互制御が、均衡のとれた形で生じていました。他の人にはすでにわかっていたように、医学や法律、行動療法など教育以外の領域における仲介者の必要性が、私にもわかり始めていました。

この現象は、ラーニングセンターで繰り返し起こりました。それは学生、助手、講師、さらには運営陣の行動に反映されていきます。それは、自発的な敬意の表明や、協調的行動、時間外労働、地域社会全体の中での個人によるプログラムの宣伝などに現れており、それだからこそ、私がここで広く言及しているのです。

住人がある場所に長期間居住し、その自治体の一員となり、その法律を遵守し、共通の歴史と文化を共有するといった社会的グループとしての地域社会は、少なくともアメリカでは崩壊しつつあります。私が若い頃に住んでいた村、町、都市での地域社会は、車社会になった時に崩壊し始めました。そして崩壊続ける地域社会の様子はテレビで取り上げられることでしょう。「進展」を自制する努力はなされていますが、死は目前に迫っています。

私は、地域社会のメンバーを結束させ長続きさせるために行動分析学には何ができるかについて、時々思いを巡らせて来ました。この問題は解決できていませんが、これまでにラーニングセンターにかかわった学生と講師全員へのアンケートから得たデータの中に、役に立ちそうなヒントがあるかもしれません。

予想はしていましたが、このアンケートのデータからわかったことは、年齢、社会経済的地位、学歴などが大きく異なっているにもかかわらず、センターでの講師と学生、学生と助手、講師と他の講師との間などに多くの友情が芽生えたということです。アンケートに答えてくれた人のおよそ90％は、このセンターでコースを受講することを他の人に勧め、また１つのコースを取った人の20％は後で別のコースも受講したことが示されています。

新たな３人の学生と２人の研修生から、この街に引っ越してきた理由のひとつはこのセンターの評判からだと聞いています。元々学生で現在は教育委員会に所属している人は、PSI を公立学校に試験的に取り入れることを推奨してくれています。また別の人は、このセンターのことを地元の新聞の記事に「地域社会の精神」はセンターの役割に根ざしていると書いてくれました。最後に、我々の所長が、近隣の商工会議所に、同様のセンターの設立のため招聘されたことを述べておくべきでしょう。今の時代において、ラーニングセンターがなぜ地域社会の団結の仲介役になると私が信じているのかが、おわかりいただけると思います。

また私の問題の性質もわかってもらえることでしょう。もはや私には、自分が実際に観察してきたことと、想像しているだけのことの違いがわからなくなりました。これまでに述べてきたことが、現実描写なのか夢なのかがわかりません。だから今日ここに参ったのです。皆さんの助けを借りるために。もし話してきたことが事実なら、それを知りたいのです。もしもそれが夢物語なら、それも知りたいのです。また、もし教えていただけないなら、少なくともこの夢の実現に対して、お手伝い願いたいのです。

あとがき

この出版企画がスタートしたのは、国際行動分析学会がメキシコのメリダで開催された2013年にさかのぼります。翻訳を行ったメンバーは、社会人大学院である日本大学大学院総合社会情報研究科の私の運営するゼミに在籍していました。学生は、平日の昼間は社会人として働いているので、時間と場所を選ばないインターネットを利用した教育・指導が行われています。その一環として、メキシコのホテルのロビーから、ちょうど居合わせた星槎大学の杉山尚子先生にも参加をいただき、日本時間の夜に合わせてTV会議システムを利用した「サイバーゼミ」を開催しました。その折、翻訳のメンバーのひとりである村井さんが杉山先生から杉山先生が感銘を受けたというケラー先生の本著書を紹介されました。当初は学生の自主的な輪読会のテキストとして使用し、多くのゼミ生に参加を呼びかけ開始されました。その後、翻訳が進むに従って、発起人の村井さんと岩田さん、杉本さんが最終的な完成まで関わることとなりました。学生自ら課題を見いだし、調査・研究を行いながら学習を進めるアクティブ・ラーニングの成果であると言えます。私の役割は、ほんの少し実験の手続きについて質問を受けて答えた程度に過ぎませんでした。翻訳が完成したところで、出版社として二瓶社の賛同を得、出版する見込みが立ちました。ところが、原著の出版社はすでに閉鎖しており、翻訳権の許可を得るために連絡を取るべき相手が見つからず、しばらく、出版計画が暗礁に乗り上げていました。そこで、行動分析学研究の英文校閲でお世話になっていて、アメリカの行動分析学家との繋がりがあるステファニー冨安先生に連絡したところ、テキスト “Learning” 等で有名なメリーランド州立大学のカタニア先生を経由して、ケラー先生の息子さんであるジョン・ケラー博士にたどり着きました。何回かのメールのやりとりの後、翻訳権も無償で得られ、さらには、ケラー先生と息子さんの個別化教授法（PSI）にまつわるエピソードを記したまえがき（編注：本書「日本語版によせて」）まで書いていただけました。さまざまな方の助けを借りて出版までたどり着くことができました。この場を借りて謝辞を述べさせていただきます。

スタートしてから6年の年月の間に、村井さんと杉本さんはそれぞれ博士号を取得し、神戸学院大学と北海道教育大学教職大学院で教鞭を執るに至っています。また、岩田さんは修士号を取得した後も、英語教育に携わっています。本書が出版までこぎ着けたのはひとえに、お三方の努力の賜であります。この出版にわずかながらも関われたことは指導教員として喜ばしい限りです。

本書は、ケラー先生の自叙伝であると同時に、個別化教授法（PSI）の開発のいきさつを知ることができる分量としてはちょうど読みやすい本ではないかと思います。奇しくも今年（2019年）5月に亡くなった刺激等価性で有名なシッドマン先生（Dr. M. Sidman）は、ケラー先生がマネージメントしていたコロンビア大学でフリーオペラント事態での回避条件づけであるシッドマン型回避条件づけ手続きを開発したいきさつを記した論文を執筆されています。この論文の結びは、指導を受けたケラー先生は「まねのできないすばらしい方」という一文です(Sidman, M. (1989). Avoidance at Columbia. *The Behavior Analyst, 12(2),* 191-195.)。一流の研究者を育てる指導者としても大変優れていたことへの最高級の讃辞です。このような教育者としてのケラー先生の人柄に共感したり、個別化教授法（PSI）の理解が深まったり、私と同様な読後感をお持ちになった方も多いのではないかと思います。本書の出版が、行動分析学の実践家を含め、教育に携わっている方々にとって今後の実践の一助になることを祈念してあとがきを終えたいと思います。

眞邉一近

著　者

フレッド S. ケラー

1931年、ハーバード大学にて博士号を取得。タフツ大学、コルゲート大学、コロンビア大学（1964年心理学で名誉教授となる）、サンパウロ大学、ブラジリア大学、アリゾナ州立大学、西ミシガン大学にて教鞭をとる。1973年、テキサスクリスチャン大学にて特別招聘教授（Cecil H. and Ida Green Honors Chair）を務める。1948年にトルーマン大統領より第二次世界大戦に関する研究の貢献に対して表彰状が授与されたほか、アメリカ心理学財団（American Psychological Foundation）より最優秀授業賞（Distinguished Teaching Award）、アメリカ心理学会より応用心理学における最優秀功労賞（Distinguished Contribution for Applications of Psychology Award）、ブラジルから先駆的心理学者勲章（Pioneer Psychologist Medal）など、数々の賞を受賞した。

監訳者

眞邉 一近　まなべ かずちか

1982年　明星大学人文学研究科心理学専攻修士課程修了
1985年　明星大学人文学研究科心理学専攻博士課程単位取得退学
1993年　博士（心理学）学位取得（明星大学）
現　在　日本大学大学院総合社会情報研究科教授 / 生物資源学部教授

訳　者

村井 佳比子　むらい けいこ

2000年　関西大学大学院文学研究科教育心理学専攻博士前期課程修了
2016年　日本大学大学院総合社会情報研究科総合社会情報専攻修了
　　　　博士（総合社会文化）
現　在　神戸学院大学心理学部准教授 / 公認心理師

岩田 二美代　いわた ふみよ

2015年　日本大学大学院総合社会情報研究科人間科学専攻修了
　　　　修士（人間科学）
元 ECC ジュニア BS 教室講師
現　在　岩田二美代英語教室代表

杉本 任士　すぎもと ただし

1997年　北海道教育大学大学院教育学研究科修士課程修了
2017年　日本大学大学院総合社会情報研究科総合社会情報専攻修了
　　　　博士（総合社会文化）
現　在　北海道教育大学教職大学院准教授

教育者の成長

フレッド・ケラー自叙伝

2019年 8 月31日　　第 1 版　第 1 刷

著　者　フレッド S. ケラー

監訳者　眞邉一近

訳　者　村井佳比子／岩田二美代／杉本任士

発行所　有限会社二瓶社

TEL 03-4531-9766

FAX 03-6745-8066

郵便振替 00990-6-110314

e-mail:info@niheisha.co.jp

装　幀　株式会社クリエイティブ・コンセプト

装　画　shutterstock

印刷所　株式会社シナノ

ISBN 978-4-86108-085-2　C3011

Printed in Japan